ANNI

Ich kämpfe weiter!

INNSALZ

Anna Hasibether

Anni
Ich kämpfe weiter!
Mein Kampf gegen sexuellen Missbrauch

Verlag INNSALZ, Munderfing 2021
Gesamtherstellung & Druck:
Aumayer Druck + Verlag Ges.m.b.H. & Co KG, Munderfing

Zeichnungen von Anna Hasibether

Dieses Werk einschließlich aller seiner Teile ist urheberrechtlich geschützt. Jede Verwertung außerhalb der engen Grenzen des Urheberrechtsgesetzes ist unzulässig und strafbar.

ISBN 978-3-903321-50-2
www.innsalz.eu

Anna Hasibether

Anni
Ich kämpfe weiter!

Mein Kampf gegen sexuellen Missbrauch

INNSALZ

Vorwort

Ich heiße Anna Hasibether, bin Mutter von fünf Kindern, verheiratet und glücklich. Viele von euch haben wahrscheinlich mein erstes Buch nicht gelesen. Darum möchte ich euch einen Einblick verschaffen.

Ich wurde von meinem vierten bis zum zwölften Lebensjahr sexuell missbraucht. In dieser Zeit hörte mir niemand zu, und niemand hat mir geholfen.

Ich habe mich meiner Mutter anvertraut, sie hat mich mit Schlägen bestraft. Ich brauchte deshalb sehr lange, um das auszusprechen, was ich erlebt und erlitten habe, weil ich gelernt habe zu schweigen. In diesem Buch ist erfasst, wie es meiner Familie ergangen ist und was sie daraus gelernt und gemacht hat, um mit dem Thema „sexueller Missbrauch" umgehen zu können. Ich bin ausgebildete Peer-Beraterin, darf also mit Menschen sprechen und konnte lernen, mich selbst zu erkennen. In der Ausbildung hatte ich erstmals die Gelegenheit, mich zu öffnen. Ich habe viele Monate in einer Psychiatrie erlebt, da ich selbstmordgefährdet war. Ich brauchte aber diese Zeit, um mich wieder zu finden. Ich gebe die Verantwortung, wenn jemand aufgrund eines Missbrauchs zu mir kommt, nicht ab. Ich versuche diesen Menschen zu helfen und mit ihnen darüber zu sprechen, sie zu begleiten und ihnen die innere Freiheit zu geben, sich zu öffnen.

Mein erstes Buch war noch sehr ruhig und stabil, da ich vieles nicht sagen durfte und auch weiterhin nicht sagen darf. Es war eine sehr emotionale Phase und trotzdem eine Lernphase für mich. Den Menschen zuzuhören, denen es so gegangen ist wie mir, den Menschen, die nicht aufstehen können und sich nichts zu sagen trauen oder sich immer noch fürchten, für dumm erklärt zu werden, weil ihnen so etwas passiert ist.

Ich habe versucht, das innere Erleben dieser Menschen aufzuschreiben, um das alles zu verstehen. Man muss das erste Buch gelesen haben, um zu begreifen, worum es hier wirklich geht. Der Schmerz, die Trauer, die Wut, die Hilflosigkeit dieser Menschen wird man nie nachfühlen können. Durch dieses zweite Buch möchte ich zu verstehen geben, wie ich mit den Menschen arbeite, wie ich vorgehe und was ich mir erlaube zu tun, um diesen Menschen zu helfen. Beim ersten Buch hat mich gekränkt, dass man so viel nicht sagen durfte, dass man schweigen muss, aber es hilft nichts. Gesetz ist Gesetz.

Vorwort von Lisa Klugsberger

Anni und ich haben aufgrund der Reaktionen auf das Buch „Anni – Die Geschichte einer verletzten Kinderseele" beschlossen, ein weiteres Buch zu verfassen. Das Thema „sexueller Missbrauch" wurde durch uns aufgegriffen und in die Öffentlichkeit getragen. Für Anni war dies ein sehr großer und wichtiger Schritt, um ihrem Ziel wieder ein Stück näher zu kommen. Und zwar spreche ich von dem Ziel, die Opfer von Gewalt und ganz speziell von sexueller Gewalt zu unterstützen und ihnen zu helfen, ein stabiles Leben führen zu können.

Es wäre naiv, zu denken, dass man ein so traumatisches Erlebnis vollends verarbeiten kann, denn es wird die Betroffenen ein Leben lang begleiten. Jedoch kann man lernen, es zu akzeptieren und damit umzugehen, so wie dies auch bei Anni der Fall war. Natürlich braucht es Zeit und Kraft, aber es ist nicht unmöglich. Wie schon im ersten Buch beschrieben wurde, ist es wichtig, aufzustehen, sich zu öffnen und die Opferrolle aufzugeben.

Was denken Menschen über sexuellen Missbrauch?

Aufgrund der Fragen verschiedener Personen zu meinem ersten Buch habe ich beschlossen, unterschiedliche Meinungen zum Thema „sexueller Missbrauch" einzuholen.

Wie gehen Personen damit um, die nicht von sexualisierter Gewalt betroffen sind? Wie stehen diese zu dem Thema? Da ich die Personen schützen möchte, die folgende Aussagen getätigt haben, werde ich ihre Namen nicht nennen …

„Für mich persönlich ist es schlimm, dass es auf dieser Welt Menschen gibt, die denken, dass sie einen anderen Körper zu ihrem Vergnügen benutzen dürfen.

Ganz egal um wen oder was es sich handelt, es wird zu wenig bestraft. Warum wird ein Hund eingeschläfert, wenn er jemanden beißt? Ein Missbrauchstäter aber darf normal weiterleben, obwohl er das Leben eines anderen Menschen zerstört hat?"
– anonym

„Ich kenne ein Mädchen, das von ihrer Mutter und deren Lebensgefährten missbraucht wurde. Das Kind ist jetzt 13 Jahre alt und psychisch schwer geschädigt. Sie wird womöglich nie mehr so sein, wie sie vorher war. Ich finde, Missbrauch ist das Schlimmste, was einem Kind bzw. einem Menschen widerfahren kann. Es ist eine Frechheit, dass Täter nur kurz eingesperrt werden und dann wieder ein freies und normales Leben führen dürfen. Müssen sie überhaupt zu einer Therapie?

Das Strafausmaß ist viel zu gering. Irgendwie habe ich das Gefühl, dass Täter in die Opferrolle geschoben werden. Das tatsächliche Opfer bekommt hingegen wenig Unterstützung. Es wird hinter vorgehaltener Hand getuschelt, anstatt so ein Thema offen und ehrlich anzusprechen. Zu spät wird Missbrauch erkannt. Und der Medienbereich wälzt Missbrauch sowieso oft nur auf Asylwerber oder Asylberechtigte ab. Eine Schande ist das!" – anonym

„Mir ist so schlecht, und es kommt mir gewaltig hoch. Die Strafen sind viel zu gering. Und innerhalb einer Familie ist es sowieso die größte Schweinerei, wenn der Partner, der Bruder, die Schwester oder ein Elternteil schweigt." – anonym

„Ich habe den Eindruck, die Täter werden immer jünger. Die Strafen müssen schärfer werden. Als Jugendliche bekommen sie meist nur eine Bewährungsstrafe. Vielen Opfern wird nicht geglaubt, und manchmal wird auch eine Falschaussage getätigt." – anonym

„Die Strafen sind zu gering. Es ist eine Krankheit, aber es gibt Hilfe, die man beanspruchen kann, wenn man diesen Drang verspürt. Ich finde es widerlich. Früher wurde ja noch viel mehr totgeschwiegen. Mütter vertuschen es oft, so etwas finde ich sehr schlimm. Meiner Meinung nach muss gesetzlich mehr passieren." – anonym

„Ich bin sehr erschüttert und negativ berührt, wenn jemanden sexueller Missbrauch trifft. Die Strafen sind für mich nicht angemessen. Sie sollten viel höher sein! In diesem Punkt verurteile ich das Gesetz sehr. Außerdem ist wichtig, dass den Opfern entsprechend geholfen wird." – anonym

„Schlimm ist das, und heutzutage wird es immer schlimmer. Viele Opfer geben sich selbst die Schuld oder ernten die Schuld von anderen. So auf die Art: ‚Warum ziehst du dir auch so etwas Knappes an?!' In mir befindet sich Unverständnis und Wut. Was geht in einem Menschen vor, dass man auf solche Missbrauchsgedanken kommt und sie daraufhin auch noch ausführt? Die Hälfte der Leute bekommen nicht mal eine Strafe, weil der Fall entweder verjährt ist oder die Beweise nicht ausreichen." – anonym

Ich habe die Aussagen zusammengefasst, da die befragten Personen sehr ähnliche Antworten gaben. Man sieht, dass nicht nur ich dieses Unverständnis in mir trage, sondern auch Menschen, die nicht von diesem Schicksal betroffen sind. Viele hinterfragen, warum Täter geschützt werden müssen, immerhin könnte es der Nachbar von jedem sein und niemand ist dann in der Lage, die Kinder zu beschützen. Auch ich darf den Namen meiner Peiniger nicht verraten, somit kann auch ich diese Leute nicht beschützen. Von mir gibt es hierzu nur ein sarkastisches „Ein Hoch der Demokratie", in der von alters her Rede- und Meinungsfreiheit sowie das Wahlrecht gelten. Ich frage mich, ob der Sinn der Demokratie wirklich darin liegt, Täter zu schützen und Opfer freizugeben. Die Opfer sind dadurch auf sich allein gestellt. Viele Menschen in der Bevölkerung sind zornig und enttäuscht von unserer Gesetzeslage. Ich spiele verrückt bei Aussagen von Fachleuten wie: „Nach den Lehrbüchern ist nichts passiert, doch der Psyche nach schon."

Wie zum Teufel kann ein Buch erkennen, ob ein Kind missbraucht wurde oder nicht?! In einem Buch befinden sich Wörter, aber keine Gefühle! Wenn ich mich mit Menschen unterhalte, faszinieren mich am meisten die Männer. Sogar Männer bzw. Väter erfahren durch so ein Thema ein Schockerlebnis, da sie mit dieser Art von Gewalt überhaupt nichts anfangen können und nur schwer damit zurechtkommen. Mein Schwiegersohn hat sich bereit erklärt, diesbezüglich ein paar Worte in einem Interview zu äußern.

Wie hast du Annis erste Lesung empfunden und wie ist dein Eindruck vom Buch?

Die erste Lesung war meiner Meinung nach ein voller Erfolg. Es waren viel mehr Besucher da, als ich erwartet hätte. Für mich persönlich war die Buchpräsentation sehr emotional, und ich war sehr überrascht von Annis Direktheit.

Während der Lesung bekam ich ständig Gänsehaut und fragte mich immer wieder: „Wie krank muss jemand sein, so etwas zu tun?" Ich ekle mich vor solchen Menschen. Für mich sind sie purer Abschaum. Andererseits frage ich mich aber auch, wie man sich so lange quälen kann, bis man sich öffnet und so ein Thema publik macht.

Mir fielen im Raum ein paar Personen auf, die sehr berührt waren. Ich fragte mich sofort, ob diese Personen dasselbe wie Anni oder deren Angehörige erlebt haben.

Letztlich möchte ich Anni meinen vollsten Respekt aussprechen. Ich bewundere sie, dass sie diesen Mut aufbringen konnte und das Thema in die Öffentlichkeit getragen hat.

Ich finde es unakzeptabel, dass es bei sexuellem Missbrauch eine Verjährung gibt. Dieses System ist so nicht richtig. Das Buch selbst konnte ich noch nicht lesen. Ich habe es gefühlsmäßig noch nicht geschafft.

Wie geht es dir mit dem Thema und mit dem Wissen, dass dies deiner Schwiegermutter passiert ist?

Das Ausmaß der Missbräuche war mir bis jetzt nie klar. Auch nicht, wie extrem die Übergriffe stattgefunden haben.

Natürlich wusste ich darüber Bescheid, seitdem Anni in einer psychiatrischen Anstalt untergebracht wurde, aber den Umfang dieser Untaten habe ich unterschätzt. Auch von den Tätern wusste ich nicht viel. Aber ich habe auch nie nachgefragt, muss ich gestehen. Ich bewundere, dass Anni das geschafft hat.

Was sagst du zu den Bildern?

Die Bilder drücken ihren Schmerz und ihre Wut aus, aber auch, dass man diese Gewalt hätte sehen müssen. Die Leute haben sich jedoch weggedreht und ihre Augen verschlossen.

Jede einzelne Zeichnung zeigt die nackte Wahrheit. Auf der einen Seite die Körper und auf der anderen Seite das Verhalten der Personen.

Abschließende Worte:

Dieses Thema ist ein Null-Toleranz-Thema für mich. Ich finde keine Worte dafür. Es ist einfach zu schlimm. Wenn jemand ein Kind missbraucht, ist so etwas nicht zu verzeihen.

Mir ist meine Kindheit genommen worden

Mir is mei Kindheit gnumma wordn.
Oba i loss mi vo neamd afhoitn!
I kämpf weida um des Recht,
des die Opfer net kriagn!

Mir ist meine Kindheit genommen worden.
Aber ich lasse mich von niemandem aufhalten!
Ich kämpfe weiter für das Recht,
das die Opfer nur selten bekommen.

Es gibt Momente

Es gibt Momente, in denen ich in meinem Bett liege und mir Folgendes durch den Kopf geht: „In meinem ersten Buch habe ich sehr viel über mein Schicksal erzählt. Aber es fehlen trotzdem wichtige Dinge. Dinge, die ich nicht offen sagen darf. Im Grunde durfte ich nur preisgeben, was mir widerfahren ist. Mehr nicht. Ich könnte noch hunderte Bücher schreiben, jedoch wäre ich immer wieder eingeschränkt, weil ich nie alles offenlegen darf.

Wieder kann ich mich nicht zur Gänze öffnen. Die Täter müssen nach wie vor geschützt werden, ob man will oder nicht. Täter können durch Verjährung oder durch geringe Beweislage weiter Kinder missbrauchen und ihren ekelhaften „Scheiß" durchziehen, und man muss zusehen und das zulassen.

Niemand begreift, dass es wichtig ist, so ein Vergehen an die Öffentlichkeit zu bringen. Wie wird bewusst gemacht, dass geschützte Täter normal leben und weiterhin Kinder missbrauchen können? Bei einer Anzeige zieht man in einen Kampf, der für die Opfer nicht immer zu gewinnen ist. Ich verstehe das nicht. Eine Verhandlung dauert bis zu einem Jahr, und in diesem Zeitraum kann der Täter noch seelenruhig weiter Kinder schänden und ohne Sanktionen weiterleben. Unverantwortlich ist das alles. Aber es ist gerichtlich so beschlossen. Als Opfer kann man noch so präsent in der Öffentlichkeit sein, trotz allem sind wir verpflichtet zu schweigen. Es nützt nichts.

Zu meinem ersten Buch. Es ist ein gutes Buch, aber leider fehlen so viele Inhalte darin. Wem dasselbe wie mir passiert ist, der wird es verstehen. Wem es nicht passiert ist, der wird viele Fragen stellen und Einzelheiten wissen wollen. Dies stellt sich leider als unmöglich heraus. Wenn mich Leute fragen, wer der Täter war, liegt es an mir, diese Antwort für mich zu behalten. Falls ich es preisgeben würde, könnte der Täter mich anzeigen. Die Täter sind in der Lage, die Opfer vor Gericht oder sogar ins Gefängnis zu bringen, wenn diese deren/dessen Namen ausplaudern.

Mein Glück zeigt sich durch die vielen Menschen, die mir zur Seite stehen und mich verstehen und nicht verurteilen. Ich habe schon mit vielen Opfern gesprochen, die verarscht und für dumm gehalten wurden. Sie wurden hinterfragt und durften sich Sprüche anhören wie: „Warum hast du das denn nicht früher gesagt? Wen interessiert denn das jetzt noch? Bringt dir das etwas, wenn du jetzt damit kommst? Was willst du damit erreichen?"

Ich durfte mich solchen Fragen auch stellen. Aber ich wurde mit Respekt, Interesse und Anstand gefragt.

Trotzdem existieren Personen, die einem nicht mit Respekt begegnen, sondern sich einen Spaß daraus machen, jemanden zu verurteilen und nicht ernst zu nehmen. Ich hasse das, weil sie so ungerecht sind. Aber so ist das Leben und diese Art von Menschen wird immer existieren.

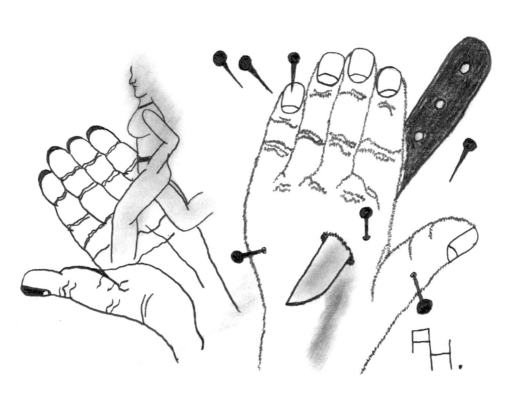

Häufig gibt es Momente, in denen ich mich selbst reflektiere. „Was ist eigentlich passiert? Was ist mit mir passiert, dass ich das Erlebte so gut verarbeiten konnte und endlich frei geworden bin? Warum habe ich so lange geschwiegen? Warum?" Heute bin ich mir bewusst, dass ich es geschafft habe. Ich weiß, dass ich einen Schritt weitergehen möchte und Betroffenen helfen kann, damit auch sie diesen Schmerz bewältigen können. Um Unterstützung möglich zu machen, ist es vorteilhaft, wenn Betroffene es zulassen und sich frei fühlen. Solange sie sich verstecken und nicht wissen, wer sie sind, wie sie sind und warum sie so sind, werden sie an kein positives Ziel kommen. Sie werden es schwer haben, sich zu finden. Dadurch werden Menschen verdrossen und lästig.

Ich sehe doch, was auf dieser Welt vor sich geht. Jeder sagt: „Ich möchte helfen." Aber niemand steht auf. Jeder bleibt liegen, und wenn es um sexuellen Missbrauch geht, werden alle leise und ziehen sich zurück. Dann fragen sie sich: „Was kann man denn dagegen machen?" Ich bin richtig genervt. Ich habe mich verändert und habe mein Buch verfasst, um letztlich alles loszulassen. Natürlich überrennt mich meine Vergangenheit manchmal noch, aber ich halte mir vor Augen: „Ich darf aufstehen, ich kann aufstehen, und ich bin aufgestanden!" Unverständnis breitet sich in mir aus, wenn ich auf Menschen treffe, die nur jammern und „arm" sind, aber nichts verändern wollen. Auch dann, wenn jemand naive Äußerungen tätigt und im Grunde absolut keine Ahnung hat, worum es überhaupt geht.

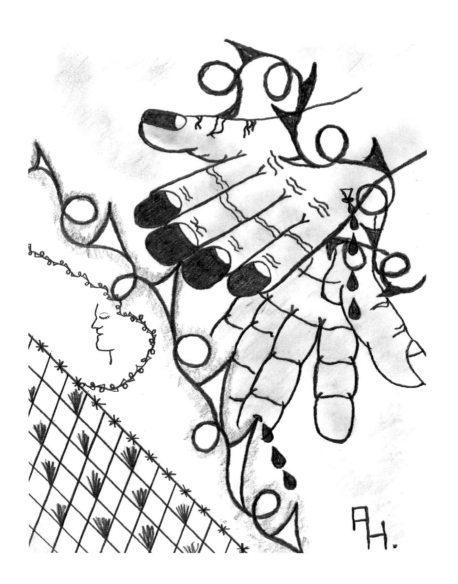

Ich bin gefangen

Gfonga bin i … immer und immer wieder.
Überoi san Dornen …
Überoi sticht's und kreischt's und duad's weh.
Sa duad a wia a Geier … wia a Geier!
Alloa seine Augn wie a schaut.
Oiwei greift a hi … Spreizn duad a se wia da greßte Vogl.
Ogebn und doa, ois wia wonn a woaß Gott wos wa …
Domois bin i da Valiera gwen und überoi hod's weh do …
Und er? Er spreizt se heid nu wiar a Geia …
Oba i ? I bi heid a so, dass i sog, i bi heid a Vogl.
Oba i bi a Strauß!
Weil i trau ma hischaun auf d' Leit und i zoag's wea i bi,
und steh nimma um.
Heid sticht mi koa Rosn nimma …
heid sticht mi koa Stachl mea.
Heid bin i stoak … und heid loch i eam mittn ins Gsicht.

Gefangen bin ich … immer und immer wieder.
Überall sind Dornen …
Überall sticht es und kreischt es und tut es weh.
Er ist wie ein Geier … wie ein Geier!
Schon seine Augen, wie er schaut.
Immer greift er hin … Er führt sich auf wie der größte Vogel.
Angeben und so tun, als wenn er weiß Gott was wäre.
Damals war ich der Verlierer und überall tat es weh.
Und er? Er spreizt sich heute noch wie ein Geier …
Aber ich? Ich bin heute auch so, dass ich sagen kann,
ich bin heute ein Vogel.
Aber ich bin ein Strauß … Weil ich mich traue,
auf die Leute hinzuschauen, und zeige, wer ich bin,
und nicht mehr aus dem Weg gehe.
Heute sticht mich keine Rose mehr …
heute sticht mich kein Stachel mehr.
Heute, heute bin ich stark … und heute lache ich ihm
mitten ins Gesicht.

Jetzt bin ich so weit

Jetzt bin i so weit …
Jetzt steig i über eam drüber,
hoit mei
Mäuh nimma …
Wonn mi wer frogt: wer hod da des ohdo?
Donn sog i 's hoid … i hoit ma koa Blattl nimma vors Mäu.

's Messer hob i jetz umdraht, weil i hob jetz a Schneid,
drah mi imma um …
friarah woa i so dumm.

I spring umadum und loch mi gonz krumm.

Weil heid duasd ma nimma weh,
weil heid bin i stoak …
heid geht's ma guad.

Du host sicher dei Lebtog nix mehr zum Locha,
des deafst ma glaubn.

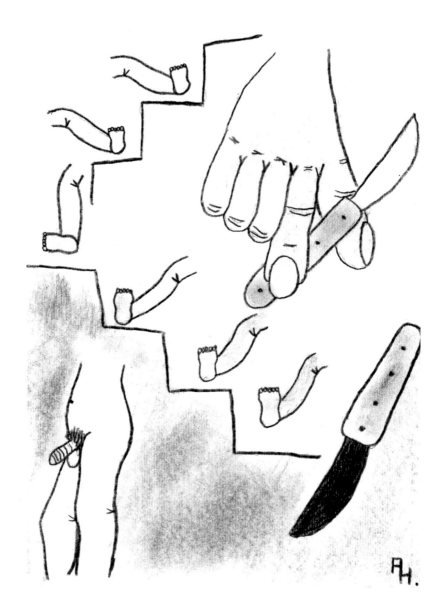

Jetzt bin ich so weit …
Jetzt steig ich über ihn drüber,
halte meinen
Mund nicht mehr …
Wenn mich jemand fragt:
„Wer hat dir das angetan?"
Dann sag ich es eben …
Ich halte mir kein Blatt mehr vor den Mund.
Das Messer habe ich jetzt umgedreht,
weil ich jetzt auch Mut habe,
dreh mich nicht mehr um …
Früher war ich so dumm.

Ich springe herum und lache mich ganz krumm.
Denn heute tust du mir nicht mehr weh,
denn heute bin ich stark …,
heute geht's mir gut.

Du hast sicher dein Leben lang nichts mehr zu lachen,
das darfst du mir glauben.

Wenn Opfer von sexueller Gewalt sich professionelle Hilfe holen, wäre wesentlich, dass sich diese Fachleute darüber im Klaren sind, dass Opfer das gesamte grausame Geschehen erneut beschreiben und erleben müssen. Es ist schwierig, alles punktgenau zu schildern, da das Erlebte durch die psychische Belastung, die Wut und den Zorn, nicht immer in der richtigen Reihenfolge ausgedrückt werden kann. Gerade wenn es schon ein paar Monate oder sogar Jahre her ist. Man muss sich bewusst machen, dass ein Opfer bei so einer Befragung alles noch einmal durchlebt und sich in die Situation hineinversetzt. Diese psychische Belastung ist derartig stark, dass ein totales Wirrwarr im Kopf und im Körper entsteht. Man verwechselt in diesem Zustand meist sogar links und rechts. Der Körper schreit. Er ruft nach Hilfe und von den Fachleuten wird alles hinterfragt. Eigentlich möchte man diese Bilder doch nur loswerden. Solches Hinterfragen verunsichert und man hat das Gefühl, sie würden einem nicht glauben; und somit ist die nächste Antwort bereits wieder in Angst verpackt. Es geht nicht darum, ob man als Opfer lügt, sondern um die Angst, dass die Antwort verdreht oder nicht ernst genommen wird.

Auch die Angst, dass man als Person nicht angenommen wird. In der Befragung geht es teilweise um Aufklärung, um die Periode, ob man über dieses Thema mit Eltern sprechen konnte oder warum man es den Eltern nicht gesagt hat oder ob man kein Vertrauen hatte. Es entsteht Unsicherheit, weil man nicht mehr weiß, was gerade das Thema ist und was von einem verlangt wird. Opfern ist es wichtig, das Geschehene zu vermitteln und nicht Fragen zu beantworten, welche gar nicht zum Thema passen. Ich möchte keine Fachleute persönlich angreifen, aber es kann sich niemand vorstellen, was eine Stunde Befragung mit einem Sexualopfer und dessen Körper, dessen Seele und dessen Gefühlen macht. Ich persönlich kenne Opfer, deren Täter freigesprochen wurden. Obwohl die Opfer die Wahrheit sagten, müssen sie jetzt mit der Tatsache leben, dass sie unbewusst oder auch bewusst als „Lügner" hingestellt wurden. Dieser Schmerz wird sie ein Leben lang begleiten. Ich bin der Meinung, dass solche Methoden nicht opfergerecht sind. Meine Gedanken dazu wären, dass sich Fachleute mit Betroffenen, die schon alles gut überstanden haben, zusammensetzen und darüber sprechen. Wie ist es dem Opfer während des Verfahrens ergangen? Was hätte sich das Opfer gewünscht oder was hätte es gebraucht? Wer hat die Richtlinien zur Befragung der Opfer überhaupt beschlossen? So ein Treffen zwischen Opfern und Fachleuten wäre absolut vorteilhaft, um den Bereich des sexuellen Missbrauchs zu sensibilisieren. Ich denke, es kann auch gut als Unterstützung dienen.

Ich arbeite mit dem Thema „sexueller Missbrauch" und kämpfe dafür, dass Gesetze verändert werden. Ich bin wieder an dem Punkt angelangt, an dem ich sage: „Nicht das Opfer muss sich beweisen, sondern die Täter müssen beweisen." Wenn es nach mir ginge, müsste sich jeder Beschuldigte oder Tatverdächtige einem Lügendetektortest unterziehen. Warum so etwas nicht gemacht wird, weiß ich nicht. Ist es zu teuer oder zu viel Aufwand? Haben wir so viel Angst vor der Wahrheit?

Eines möchte ich trotz allem aussprechen: Bei der Erhebung der Fälle habe ich mit der Polizei bis jetzt sehr gute Erfahrungen gemacht. Hiermit möchte ich mich recht herzlich bedanken.

GERICHT / Schwere Übergriffe können nicht bestraft werden, weil Frist versäumt wurde

Missbraucht: Aber die Tat ist längst verjährt

SCHÄRDING/RIED / Für das Verbrechen, das an ihr begangen worden ist, wird eine Frau aus dem Innviertel vielleicht keine Genugtuung bekommen. Die Staatsanwaltschaft verfolgt die Tat nicht, weil sie möglicherweise verjährt ist.

Zehn Jahre war das Opfer alt, als es von seinem damals fast 19-jährigen Onkel mehrfach sexuell schwer missbraucht worden ist. Weil sie weinte, hatte ihr der Mann damals 20 Schilling zugesteckt und wohl gemeint, die Sache wäre nun erledigt. Aber noch 26 Jahre nach den Vorfällen leidet die Frau an den Folgen der schweren Übergriffe. Heftige Depressionen machen ihr den Alltag schwer. Obwohl die Übergriffe sehr lange zurück liegen, entschloss sich das Opfer nun, seinen Peiniger anzuzeigen.

Vorfall zu spät zur Anzeige gebracht

Doch einen Tag vor der Verhandlung am Straflandesgericht Ried wurde die ganze Sache wieder abgeblasen: Es hatte sich herausgestellt, dass der mutmaßliche Täter zum Zeitpunkt der Tat noch unter 19 Jahre alt war. Vor dem Gesetz galt er in den 90er Jahren damit als Jugendlicher und es gelten für ihn andere Verjährungsfristen als für erwachsene Täter.

Nachdem die Staatsanwaltschaft die Klage zurückgezogen hat, hält das Opfer als Privatbeteiligte die Anzeige aufrecht. „Es wird neuerlich geprüft, ob in Hinblick auf die Gesetzesänderungen Verjährung eingetreten ist," meint dazu der leitende Staatsanwalt am Landesgericht Ried, Dr. Walter Jerk.

Kinder geben sich selbst die Schuld

Für die Opfer von Missbrauch ist der Schritt zu Gericht sehr wichtig, weiß Susanne Egger, diplomierte Sozialarbeiterin bei der Interventionsstelle gegen Gewalt in der Familie, Linz. „Der Selbstwert des Opfers muss wiederhergestellt werden." Oft entstünde für die Kinder der Eindruck, dass das Erlebte offenbar ganz alltäglich sei, dass an ihrem eigenen Gefühl etwas nicht stimme. Ein Signal von außerhalb der Familie ist daher von Bedeutung: Was geschehen ist, ist falsch, wird bestraft und liegt in der Verantwortung des Täters.

Das Gesetz versucht, auf die Besonderheiten in Missbrauchsfällen einzugehen. Die Verjährungsfrist wurde abgeändert, und beginnt mittlerweile erst mit der Volljährigkeit des Opfers zu laufen. Im konkreten Fall liegt sie bei zehn Jahren. CBM

Später Prozess nach Missbrauch an neunjähriger Nichte:

Freispruch trotz Schuldspruch

„Schuldig", entschieden die Geschworenen in Ried gestern, Mittwoch, in einem Missbrauchsprozess. Trotzdem mussten sie den Angeklagten (44) freisprechen. Sie konnten nämlich nicht nachweisen, dass er zum Tatzeitpunkt bereits 18 Jahre alt war. Die ihm zur Last gelegten Taten sind damit verjährt.

Die Anklage hatte dem Innviertler vorgeworfen, zu Beginn der 80er-Jahre seine damals erst neun Jahre alte Nichte sexuell missbraucht zu haben. Die Frau hatte die traumatischen Kindheitserlebnisse erst im Vorjahr angezeigt. Das Opfer konnte die Tatzeit jedoch nicht auf den Tag genau eingrenzen. Wenige Tage oder Wochen retteten den Angeklagten, der jede sexuelle Handlung an der Verwandten bestreitet, vor der Verurteilung.

GERICHT / Anschuldigung bleibt ungeklärt

Verfahren eingestellt

SCHÄRDING/RIED / Wegen Verjährung ist am Straflandesgericht Ried eine Verhandlung wegen Missbrauchs abgesagt worden. Das vermeintliche Opfer hat als Privatbeteiligte die Wiederaufnahme beantragt. Auch der Beschuldigte, der sich nicht schuldig bekennt, bedauert, dass er sich nicht vor Gericht verteidigen kann. Er hätte mehrere Zeugen zu seiner Entlastung angeführt.

Als Kind missbraucht: Täter läuft frei herum

Mehrfach missbraucht, ist Anna Hasibether aus St. Florian heute in Therapie. Ihr Peiniger lebt unbeschwert: Tat verjährt. Eine Gruppe fordert: Weg mit Verjährungsfrist! *Seite 15*

Die Betroffenen leiden lebenslang, die Täter kommen sehr oft ungeschoren davon.

ST. FLORIAN • Panikattacken, Zittern, Platzangst und Depressionen hat Anna Hasibether als Folge von jahrelangem Missbrauch aus ihrer Kindheit mitgenommen.

Während sie nach drei Selbstmordversuchen seit Jahren in Therapie ist, lebt ihr Peiniger ein unbeschwertes Leben. Er kann ruhig schlafen, denn sein Verbrechen ist verjährt.

Dass er vor Jahren ein Mädchen von dessen vierten bis zwölften Lebensjahr vielfach vergewaltigt hat, kümmert kein Gericht mehr. „Der lebt in Gott in Frankreich", sagt Anna Hasibether. Sie setzt sich nun gegen die Verjährungsfrist ein.

› **Ich stehe hier, damit der sexuelle Missbrauch ein Gesicht bekommt.**
ANNA HASIBETHER

Nach Jahrzehnten der Scham hatte erst vor sieben Jahren begonnen, von den erlittenen Qualen zu erzählen. Ihre Offenbarungen stürzten ihre Familie in große Verwirrung. „Na haut's dich aus den Schuhen, wenn's so etwas erfährst. Da meint man immer, das ist woanders, dabei ist es vor der Tür", zeigt sich ihr Mann Josef Hasibethers Mann Josef ist heute erschüttert.

Mittlerweile spricht Anna Hasibether offen über ihre

Lassen sich nicht unterkriegen: Anna Hasibether und ihr Mann Josef. Foto: Rundschau

Situation und hilft Betroffenen, wo immer sie kann: „Ich stehe hier, damit der sexuelle Missbrauch ein Gesicht bekommt. Man darf mich ansprechen", setzt sie sich mutig für ihr Anliegen ein. Feiges Vertuschen ermögliche es den Tätern, mit ihren Verbrechen weiter zu machen und ungeschoren davon zu kommen.

Dass sexueller Missbrauch verjährt, will Hasibether nicht akzeptieren. „Man braucht so lange, bis man darüber reden kann", erklärt sie, und auch dann sei der Gang zur Polizei nicht gleich möglich. Immerhin stammen die Täter meist aus dem nahen Umfeld, also aus dem Freundeskreis oder der Familie der Opfer.

Die Verjährungsfrist von sexuellem Missbrauch ist vor einigen Jahren geändert worden: Nach der Volljährigkeit haben die Betroffenen zwanzig Jahre Zeit, bis sie mit ihrem Fall zu Gericht gehen. Hasibether und eine Gruppe Betroffener will erreichen, dass die Verjährungsfrist gänzlich aufgehoben wird. Sie wird dem Bundespräsidenten im Juni ein ganzes Paket von Unterstützungserklärungen überreichen.

„Wer unser Anliegen unterstützen möchte, soll mir schreiben, oder aus dem Internet das vorgegebene Formular ausdrucken und schicken", bittet sie um zahlreiche Unterstützung.

Anna Hasibether, Grub 2,
4782 St. Florian am Inn
www.antrag.at.tf

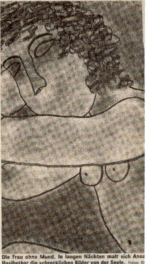

Die Frau ohne Mund. In langen Nächten malt sich Anna Hasibether die schrecklichen Bilder von der Seele. Foto: R.

Mehr Härte bei Sexualdelikten

› „Als zweifacher Familienvater setze ich mich für null Toleranz gegenüber Sexualstraftätern ein. Ein erster Schritt sollten die Verlängerung der Verjährungsfrist für Sexualdelikte und ein mögliches Berufsverbot für Straftäter sein", fordert NR August Wöginger. Ein Missbrauchsopfer aus dem Innviertel hat vor Monaten den Mut gefunden, an die Öffentlichkeit zu treten. Aber die Tat ist verjährt und damit auch die Chance auf Gerechtigkeit. „Deshalb habe ich eine Petition eingereicht", erklärt NR August Wöginger.

NR August Wöginger (M.)
bei der Übergabe der Petition
für mehr Härte bei Sexualdelikten.

„Bei mir hat es Jahrzehnte gedauert, bis ich über Torturen reden konnte!"

ST. FLORIAN. Anna Hasibether steht auf und wehrt sich. Um sich Gehör verschaffen zu können, benötigt sie die Hilfe der breiten Masse.

Der erste Land&Leute-Bericht rüttelte das Innviertel wach. „Ich habe viele Unterstützungserklärungen bekommen, Briefe flatterten ins Haus, ja sogar Blumen wurden mir geschickt", sagt Anna Hasibether. „Die Reaktionen Ihrer Leser haben mich zutiefst berührt!"

Je mehr Unterstützungserklärungen sie hat, desto mehr verspricht sie sich, von der Bundespolitik erhört zu werden. Was Hasibether will: „Dass sexuelle Straftaten nicht verjähren. Aus eigener Erfahrung weiß ich, wie schwer es ist, über die Torturen zu reden. Bei mir hat es erst Jahrzehnte gedauert."

Unterstützung: Sie wollen Anna Hasibether helfen? Schicken Sie eine Unterstützungserklärung an folgende Adresse:
Anna Hasibether, Grub 2
A-4782 St. Florian am Inn

Kommentar
Von M. Weidenholzer

Mord an Seelen

Nicht alles ist käuflich, weder Gesundheit, Glück, Talent oder Mut. Sollte letzteres aber jemals zu erwerben sein, wäre Anna Hasibether (siehe Seite 31) eine gute Adresse. Mit einem Courage-Geschäft könnte sie schnurstracks zur reichen Frau werden. Jahrzehntelang hat sie sich in Schweigen gehüllt, jetzt scheut sie nicht davor zurück allen Mut zusammenzufassen, um Gerechtigkeit für alle Missbrauchten zu erkämpfen, die sich zu lange nicht reden trauten und deshalb Opfer des Systems wurden.

Manche Sexopfer werden auch zum Opfer des Systems

Opfer des Systems, weil sexueller Missbrauch in Österreich nach wie vor verjährt. Und wie es aussieht, wird sich daran so schnell nichts ändern. Ein neues Gesetz soll zwar in Kürze verabschiedet werden, das immerhin schon die Verlängerung der Verjährungsfrist beinhaltet und vielen Opfern wird damit bestimmt geholfen, aber nicht allen. Was ist mit ihnen, soll ihr Recht auf der Strecke bleiben? Opferschutzexperte Franz Grünbart mag recht haben, wenn er plakativ darauf hinweist, dass Vergewaltigung Mord an Seelen ist. Und Mord bekanntlich nie verjährt.

E-Mail: m.weidenholzer@nachrichten.at

OÖN GANZ KURZ

Kinder-Antrag: Kleine Gemeinden seien mit umfassendem Kinderbetreuungsangebot und entsprechend bedarfsgerechten Öffnungszeiten vor allem für unter Dreijährige und Nachmittagsbetreuung von Schulkindern überfordert – das Regionalmanagement Innviertel müsse gemeindeübergreifendes Angebot anregen und finanziell unterstützen, so Grünen-Landtagsabgeordnete Maria Wageneder, die heute einen Antrag einbringen will. Mit Ausnahme der Organisation Tagesmütter sei die Region in Sachen Kinderbetreuung Schlusslicht. Ein rascher Ausbau sei für Familien und Wirtschaft nötig. Das Betreuungsangebot spiele bei der Wohnortwahl junger Menschen eine Rolle.

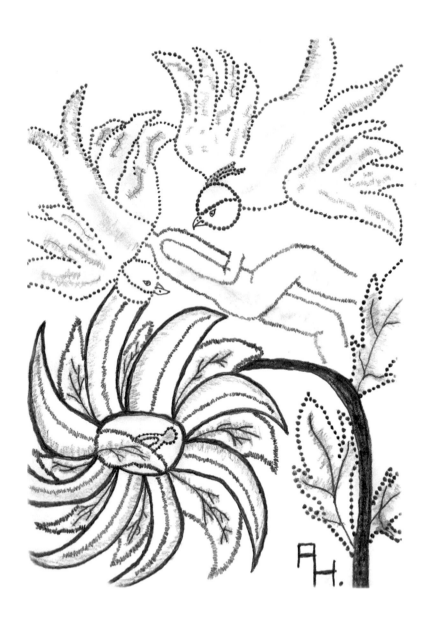

Freier Leserbrief

Sexueller Missbrauch

Wo fängt Missbrauch an? Wo hört Missbrauch auf? Dürfen männliche und weibliche Familienmitglieder Kindern Hilfe leisten beim Wickeln, beim Abtrocknen nach dem Duschen oder Baden? Dürfen wir mit unseren Kindern, Enkeln oder Nichten und Neffen kuscheln, sie kitzeln oder ihnen beim Anziehen helfen? Oder sind diese alltäglichen Dinge schon der Tatbestand des „unsittlichen Berührens"?

Versteht mich nicht falsch! Sexueller Missbrauch oder sexuelle Nötigung ist unentschuldbar und unverzeihlich! Doch leider musste ich selbst erfahren, dass eine herzensgute Seele, der ich jederzeit meine Kinder anvertrauen würde, wegen eines Familienstreits durch diese „alltäglichen" Dinge jetzt ein Straftäter ist.

Ich muss heute Angst haben, dass ich, wenn ich meinem Kind eine Hilfestellung gebe, gleich als „Sexualstraftäter" abgestempelt werde.

Ich als Elternteil müsste dann beweisen, dass meine Gedanken rein und unverdorben waren zum Zeitpunkt des „Vorfalles". Wie kann man sich heutzutage als Elternteil, als Großeltern oder sonstiges Familienmitglied davor schützen, als „Täter" bezeichnet zu werden? Wie soll man beweisen, dass unsere

Gedanken und Taten nicht unrecht waren? Ist das unser Rechtsstaat? Ich selber habe das Geschlecht des Opfers und bin mit dem so teuflisch Dargestellten aufgewachsen! Daher verstehe ich nicht, wie eine liebevolle Geste der Fürsorge vor Gericht als „Monstertat" dargestellt werden kann.

Ist es nicht auch Missbrauch, die Kinder so zu manipulieren, dass sie einen wichtigen Menschen aus ihrem Leben fürchten und ihm misstrauen? Menschenleben werden aus Rache und Geldgier zerstört.

Wahre Täter gehören verurteilt, weggesperrt oder genauso gefoltert, wie sie es getan haben, doch leider fehlen da oft die ausschlaggebenden Beweise. Da reicht nicht alleine die Aussage des Opfers!

Wieso ist es dann in diesem speziellen Fall genug?

Wieso wird ein Mensch verurteilt, der einem Kind ein Handtuch über die Schultern gelegt hat?

Wieso ist ein Mensch auf freiem Fuß, der ein Kind auszog und im Intimbereich berührt hat? Dies geschah mit Vorsatz und das Kind sagte: „Nein!"

Trotzdem wurde dieser Mensch nicht verurteilt! Wie viele Frauen und Kinder werden missbraucht und die Täter kommen frei, weil sie aus einem anderen Land kommen und das

Wort „Nein" nicht verstehen? Die Opfer schlagen zu, weinen und wehren sich. Das sind keine Taten der Zustimmung.

Wo liegt hier die Gerechtigkeit?

Verurteilung eines Unschuldigen

Zum einen spreche ich über ein Opfer und zum anderen spreche ich über einen unschuldig Verurteilten. Ein guter Bekannter meiner Familie wurde zu einem Opfer-Täter. Als ich hörte, dass er beschuldigt wird, zwei Mädchen beim Spielen unsittlich berührt zu haben, durchflutete mich pure Wut. Die Person, die ihn beschuldigt, kenne ich nicht gut, aber wenn ich sie sehe, was Gott sei Dank nicht oft der Fall ist, empfinde ich sie als widerwärtig.

Ich kenne den Mann, der beschuldigt wird, als gutmütigen, hilfsbereiten und ehrlichen Menschen. Auch meine Töchter hatten in ihrer Kindheit viel Kontakt mit ihm, und es ist nie etwas vorgefallen. Laut meinem Wissen war er beim Spielen mit den Mädchen nie allein, da diese Familie einen sehr großen Zusammenhalt hatte und alles gemeinsam unternahm. Der Beschuldigte begreift nicht, wie solche Vorwürfe in den Raum gestellt werden können und wie perfekt die Mädchen zu ihrer Aussage geschult wurden. Es hat ihn viel Überwindung gekostet, einen klaren Kopf zu behalten und seinem Leben kein vorzeitiges Ende zu setzen. Er erzählte mir, welche Gedanken in seinem Kopf herumkreisten. „Was soll ich hier noch?" „Warum soll ich hier weitermachen?" „Was hält mich hier?" „Mein Leben ist zerstört." Seine größte Angst war, einen Selbstmordversuch zu überleben, dann körperlich stark eingeschränkt zu sein und trotzdem den Titel „Kinderschänder" tragen zu müssen. Natürlich trägt er diesen Titel auch jetzt, und er muss versuchen, sein Leben weiterzuführen, auch wenn er an manchen Tagen nicht weiß, wie.

Ein sehr naher Verwandter hätte ihn retten können, indem er bei der Gerichtsverhandlung ausgesagt hätte. Da dieser aber der Partner von der Person ist, die meinen guten Bekannten beschuldigt, hatte er natürlich nicht den Mut, ihm zu helfen. Er hat zugelassen, einen anständigen Menschen zu einem angeblichen Kinderschänder zu machen, und ist für dessen Verurteilung mitverantwortlich. Wenn der Verwandte wüsste, dass sich der angenommene Täter suizidiert hätte, dann müsste er sich im Klaren darüber sein, dass er der Mörder dieses von ihm geliebten Menschen geworden wäre. Hätte ich die Möglichkeit, mit diesem Verwandten zu sprechen, würde ich ihn auffordern, alles richtigzustellen, da er selbst im Voraus gesagt hat, dass er weiß, dass dieser Mann das nicht getan hat. Er ist aber zu feige, sich gegen seinen Partner zu stellen. Ich bin wütend, zornig, sogar hasserfüllt, dass er dieses Urteil zulässt und nichts dagegen macht. Denk doch nach! Noch hast du die Möglichkeit für einen Weg zurück zur Familie.

Ich denke an die Ehefrau des Beschuldigten, die Gott sei Dank weiß, dass ihr Mann zu so etwas nie fähig wäre und das, was ihm vorgeworfen wird, nicht getan hat. Ich schätze es, dass sie an ihn glaubt und hinter ihm steht. Ich weiß, dass sie viel Kraft braucht und diese Kraft auch mit ihm teilt.

Leider wohnt diese Familie zu weit weg, um persönliche Gespräche zu führen. Es bestehen derzeit fast nur Telefonkontakte. Vor kurzem hat mir mein unschuldig verurteilter Bekannter einen Brief geschrieben, der mich sehr berührt hat. Diesen möchte ich auf der nächsten Seite mit euch teilen.

Der Brief

In meinem Kopf sind so viele Gedanken, dass ich kaum weiß, mit was ich anfangen soll. Mein Leben hat sich in eine Richtung entwickelt, von der ich nie gedacht habe, dass es so etwas geben kann. Mein ganzes Leben habe ich mir nie etwas zu Schulden kommen lassen. Mein Umgang mit Kindern war eigentlich immer etwas distanziert. Jetzt habe ich das Problem, dass ich um alle Kinder einen großen Bogen mache. Was mache ich bei einem Unfall, an dem Kinder beteiligt sind? **Antwort:** *Um 180° drehen und weggehen. Ich habe kein Interesse, solche Verdächtigungen und Anschuldigungen noch einmal mitzumachen, und wünsche es auch niemandem. Ich bin froh und stolz, dass meine Frau, meine engsten Freunde und Nachbarn, die das bis jetzt wissen, mich nicht im Stich lassen. Trotzdem bleibt immer ein ungutes Gefühl, wenn ich mit jemandem spreche, der über das alles Bescheid weiß. Ich versuche mir nach außen hin nichts anmerken zu lassen, aber meine Gedanken sprechen eine andere Sprache. Ich habe auch manchmal blöde Gedanken, die ich bei mir sonst nicht kenne. Gedanken über Tod, das Leben beenden, nichts mehr wissen müssen.*

Das Schicksal ist ein Arschloch. Es lässt die guten Menschen fallen und lässt die schlechten Menschen immer gewinnen. Man kann noch so viel tun und noch so viel nachdenken, es wird immer so sein. Die Schlechten wissen genau, wo sie die Guten hintreiben müssen, damit sie selbst davonkommen. Ich

bin stinksauer, wenn ich sehe und höre, welche Ungerechtigkeit laufend passiert.

Ich persönlich bin nicht leicht von der Unschuld überzeugt. Aber in unserer Familie wissen wir es alle. Wir können es gar nicht glauben, was hier passiert ist. Unsere Familie kennt diesen Menschen schon seit ungefähr dreißig Jahren. Und wir wissen alle, wie wunderbar, gutmütig und hilfsbereit dieser Mensch ist … auch seine Frau. Und dann passiert so etwas. Ich möchte am liebsten aufspringen und schreien. Aber es nützt alles nichts.

Mir sträuben sich die Haare, wenn ich sehe, wie viel Ungerechtigkeit hier überall herrscht. Jetzt haben sie jemanden verurteilt, bei dem ich mit Sicherheit weiß, dass dieser Mensch kein Sexualstraftäter ist. Und die Person, die auf jeden Fall ein Sexualstraftäter ist, wird nicht verurteilt, weil Aussage gegen Aussage steht.

Früher waren meine Kinder oft bei dem unschuldig Verurteilten zu Hause, und nie ist etwas vorgefallen. Nur weil eine bösartige Person so etwas behauptet, wurde dieser Mensch bestraft. Für nichts und wieder nichts. Er hat schon über Selbstmord nachgedacht und psychische Folgen davongetragen. Seine Arbeit hängt davon ab. Nun kommt es darauf an, ob das Urteil noch umgedreht werden kann. Leider darf ich, wie gehabt, keine Namen nennen. Ich kann nur sagen, dass es eine Frechheit ist. Hört doch bitte hin. Hört und schaut mehr hin. Hinterfragt die Familien. Was genau ist in dieser Familie wirklich passiert? Warum macht diese Person so etwas? Ich weiß aus einer Quelle, dass die Person es aus Geldgier macht. Ich stelle mir immer wieder die Frage: „Wie kann man hier Hilfe leisten?"

Eine Frage an mich selbst: „Was für ein Mensch bin ich heute?" Total verändert. Ich lese nur gewisse Bücher. Diese müssen zart und feinfühlig sein, aber trotzdem spannend. „Wie bin ich?" Ich bin hilfsbereit und höre gern zu, kann aber unendlich aggressiv sein, wenn ich verarscht werde oder Ungerechtigkeit passiert. In so einer Situation möchte ich Menschen am liebsten fressen. Das macht mich ganz verrückt. Eigentlich lache ich gerne und reiche allen meine Hände, obwohl ich sie mir schon oft verbrannt und umsonst geholfen habe. Weil diese Menschen trotz allem einen anderen Weg eingeschlagen haben, der sich nicht gelohnt hat. Aber dies ist zu akzeptieren und sie haben bestimmt etwas daraus gelernt.

Ich begegne ständig unterschiedlichsten Personen, jedoch wird mich niemand jemals über eine andere Person schimpfen hören. Natürlich ärgere ich mich über Personen, aber ich sage es dieser Person ins Gesicht. Ich bin hier sehr direkt. Ich brauche zwar eine gewisse Zeit, bis ich reagiere, aber ich tue es. Wenn mir jemand wichtig ist, dann gebe ich für diese Person hundert Prozent. Und wenn es sich jemand mit mir verscherzt, dann hat dieser Jemand Glück, wenn ich noch zehn Prozent von mir gebe. Das heißt, er oder sie kann froh sein, wenn ich mit ihm/ihr rede oder ihm/ihr zuhöre oder noch eine Chance gebe. Es hat für mich eine hohe Wertigkeit bzw. bedeutet für mich Anstand.

Einige haben es meiner Meinung nach nicht mal verdient, dass man mit ihnen spricht. Eigentlich darf ich so etwas nicht sagen, aber ich fühle so. Mir ist eins wichtig: Ich bin ein fröhlicher Mensch, trotz meiner Schmerzen und trotz meiner inneren Unruhe. Diese Unruhe kann ich aber steuern. Ich bin sehr dankbar für Menschen, die zu mir stehen, und ich möchte gerne viel zurückgeben, was ich aber meist nicht kann. Ich versuche sie trotzdem spüren zu lassen, wie viel sie mir bedeuten.

Ich nehme meine Heilung in die Hand – Peer-Ausbildung

Jahrelang befand ich mich in psychosozialer Betreuung. Die Gespräche dort waren zwar sehr zielführend und beflügelten mich, aber sie brachten mich auch zum Nachdenken. Ich fragte mich, ob mich diese Fürsorge wirklich zu dem Ziel bringen kann, welches ich mir für mich wünschte. Diese Zeit stellte sich als sehr intensiv heraus, auch meine Familie hat dabei sehr viel mitgelitten. Um aktiv zu werden und meinen Heilungsprozess zu beschleunigen, habe ich begonnen, Gespräche zu führen. Ich habe mich stark mit meiner Persönlichkeit beschäftigt und hart an mir gearbeitet, um später auch mit anderen arbeiten zu können. Nun verbildliche ich euch, wie ich das gemacht habe.

„Rücken an Rücken"

Was weißt du von mir?
Schweigen.
Hände berühren sich.
Wie fühlt sich das an?

Später:
Umdrehen und ansehen.
Was hat sich verändert?

„Berührungsangst"

Augen schließen.
Im Kreis stehen und auf das Ungewisse warten.
Was fürchte ich?
Vor wem fürchte ich mich?
Welches Gefühl löst Angst in mir aus?
Welches Geräusch ist das?
Wo kommt dieser Zweifel her?

Gedanken sortieren – Ruhe – berühren.

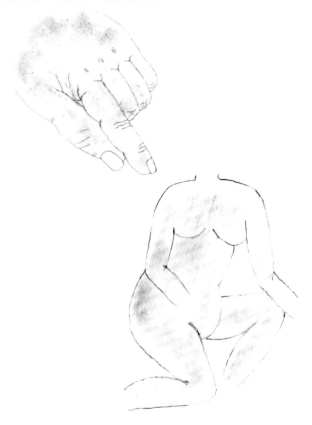

„Groß – Klein"

Von den Beteiligten steht eine Person auf dem
Tisch, während die anderen auf dem Boden sitzen.
Gefühle aussprechen
Diejenigen, die am Boden sitzen, zum Zuhören anregen
Sich zeigen
Respekt verschaffen
Angst besiegen
Zulassen, beobachtet und gesehen zu werden
Später Rollentausch
Eine Einheit bilden
Sich verstecken, um gesehen zu werden

„Spiegelbild"

Feind oder Freund?
Sich selbst in die Augen sehen.
Rundherum alles vergessen,
die eigenen Sorgen sehen.

Traurigkeit, Missmut, Angst sehen,
sich kennenlernen,
sich akzeptieren können.

Laut sprechen und auf die Betonung hören.

Lächeln nicht vergessen,
über sich hinauswachsen

„Augenkontakt"

Gegenübersitzen.

In die Augen sehen.

Warten.

Sich beruhigen.

Das Gespräch eröffnen.

Mimik beobachten.

Gefühle nicht mehr verstecken.

Zulassen, gesehen zu werden.

Sich öffnen.

„Laut und Leise"

Auf den Boden setzen und sich beobachten
Warten
Ein Gespräch eröffnen

Was stört dich?
Was muss geändert werden?

Was ist Liebe, Zuneigung, Gewohnheit, Frust, Selbstverständlichkeit?

Wenn der Druck in der Runde zu groß wird, fordere ich alle auf zu schreien.

Nicht jeder kann schreien, es wird gefragt:
Wieso? Weshalb?

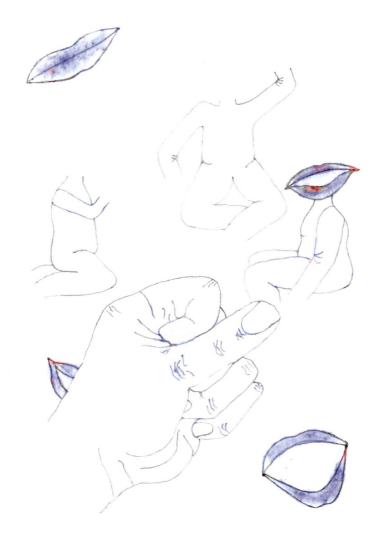

„Seinen eigenen Körper abtasten"

Linke oder rechte Hand:
Welche Seite tut sich schwer?
Sich finden lassen

Spüren.
Sich selbst vertrauen, hinweisen,
Augen schließen.
Gefühle zulassen.

Auch NEIN sagen können

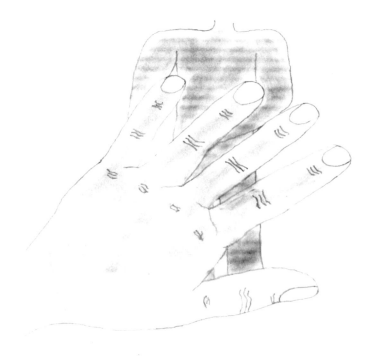

„Gedanken aufschreiben"

Fragen stellen,
Antworten finden.

Antworten immer wieder zerlegen.
Wieso? Warum? Weshalb?
Hinsehen, sich selbst ertappen,
erkennen müssen, wo man wirklich steht,

Freiheit suchen.

Zorn und Wut zulassen.
Was will ich wirklich?

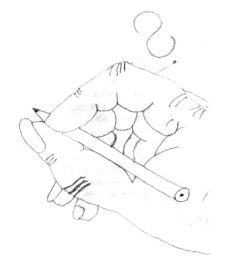

„Karten"

Wir schneiden Karten aus und schreiben
verschiedene Begriffe darauf.

Was betrübt mich?

Namen von Angehörigen, Beteiligten, Krankheit,

Lebenslust oder Lebensfrust, Vergangenheit,
Gegenwart, Zukunft Freunde,

Vertrauen.

Zulassen „Die Welt wiedersehen"

Oiwei bin i so kloa gwen, hob mi ned grod stehn traut.
Am liabstn war i zruck in d' Erdn eini. Oba des is ned gonga.
Hob lebn miassn oda lebn deafn. Daunn bin i gwochsn.

Und da Stomm hod scho gonz a schene Kroft ghobt.
Und Astl san scho done gwochsn.
Wonn a nu a boa dabei gwen han,
de abigschaut ham.
Immer wieder kontrolliern, ob ned doch nu wos von hint
noch vorn kimmt, wos i ned wü.

Und jetz, jetz bin i kräftig.
Jetz schaun olle Astl auffi.
Jetz is nix mehr do, wos zruckaus schaut.
Na, jetz geht's aufwärts. A wonn i große Höhenangst hob,
hob i des Gfühl, i tonz auf an Seil, weil i so an Mut hob.
Und weil 's ma guad geht.
Egal wos wer sogt und wos a ma zfleiß doa mecht.
Obebringa duad mi do koana mehr.

Do obe, wos wehdo hod, wo i traurig woa und vor oim wo i
Schmerzen leiden hob miassn.
Do bringt mi koana mehr hi.

Immer bin ich so klein gewesen, hab mich nicht aufrecht zu stehen getraut. Am liebsten wäre ich zurück unter die Erde.
Na ja, aber das war nicht möglich.
Habe leben müssen oder dürfen. Dann bin ich gewachsen.

Und der Stamm hat schon eine ganz schöne Kraft gehabt.
Und Äste sind gewachsen.
Wenn auch noch ein paar dabei waren,
die nach unten geschaut haben.
Immer wieder kontrollieren, ob nicht doch noch etwas von hinten nach vorne kommt, was ich nicht will.

Und jetzt, jetzt bin ich kräftig. … Jetzt schauen alle Äste nach oben. Jetzt ist nichts mehr da, was zurückschaut.
Nein, jetzt geht es aufwärts. Auch wenn ich Höhenangst habe, habe ich das Gefühl, auf einem Seil zu tanzen, weil ich einen so großen Mut habe. Und weil es mir gut geht.
Egal was jemand sagt und mir mit Absicht antun möchte.

Da hinunter bringt mich keiner mehr.
Da hinunter, wo es weh tat, wo ich traurig war, und vor allem dort, wo ich Schmerzen erleiden musste.
Dort bringt mich keiner mehr hin.

Ich machte die Erfahrung, dass viele fremde Menschen an mich herantraten, die scheinbar wussten, wie schlecht es mir ergangen war. Sie bestärkten mich und freuten sich über meine Gesundheit und wiedergewonnene Fröhlichkeit. Außerdem suchten genau diese Personen Hilfe bei mir, was mich in meinem Prozess noch weiter vorantrieb. Mit der Zeit brachte man auch Kinder zu mir, mit denen ich mich liebevoll beschäftigte, um so ihr Vertrauen, ihre Ängste und ihre Sprache gewinnen zu können.

Ich malte für sie Bilder, wie zum Beispiel dieses:

Ich ließ die Kinder einfach Kinder sein. Sie durften laut sein und hatten die Erlaubnis von mir, sich schmutzig zu machen. Hin und wieder grub ich sie sogar im Sand ein, wenn sie mich darum gebeten haben. Außerdem durften sie durch Ausschnitte aus Zeitungen, die sie auf Papier klebten, ihre innere Anwesenheit ausdrücken. Unter all dieser spielerischen Beobachtung setzte ich trotzdem Grenzen.

Basteln – Malen

Was will das Kind damit sagen?

Wie farbenprächtig oder eintönig ist das Bild?

In welcher Ecke fängt es an?

Wie groß oder wie klein?

Welches Material verwendet das Kind? Papier, Karton …

Seina Lebtag hob i an Umweg gmocht ums Leben.

Weil i immer gmoant hob, do brauch i mi ned zoagn,
do brauch i mei Traurigkeit ned herzoagn, do brauch i mei
Vergangenheit ned herzoagn.

Oba immer wieder bin i zruckkemma zu irgendoam Anfang.

Oiwei auf da selben Stöh umadumtriebn.

Und oiwei wieder is der Kund daherkemma.

Egal in wöcha Richtung dass i gonga bin …
Der hod 's genau gwisst, wo ea an Kopf hidrahn muaß.

Und heid is a nu a so … so vü Kinder rennan umadum …
brauchatn Hilfe und koana schaut hi.

Koana heat 's … koana nimmt 's woah.

Und de rennan den gleichen Weg wia i.

Kreiz und quer und ned okemma.

Und drum schreib i des ois …

Vielleicht ham s' a Glick, dass' ans Züh kemman.

Ein Leben lang habe ich einen Umweg gemacht.

Denn ich dachte, ich brauche mich nicht zu zeigen. Ich brauche meine Traurigkeit nicht zu zeigen und ich brauche meine Vergangenheit nicht zu zeigen.

Aber immer kam ich zum Anfang zurück.

Bin immer auf derselben Stelle geblieben.

Und immer wieder kam dieser Mann.

Egal in welche Richtung ich gegangen bin, er wusste genau, wo er den Kopf hindrehen musste.

Und heute ist es auch noch so … so viele Kinder laufen herum … bräuchten Hilfe und niemand schaut hin.

Niemand hört sie, niemand nimmt sie wahr.

Und sie laufen denselben Weg wie ich.

Kreuz und quer und ohne Ankommen.

Darum schreibe ich das.

Vielleicht haben wir Glück, um ans Ziel zu kommen.

Gespräche mit Betroffenen: Die eigenen Fehler sichtbar und erlebbar machen

Nr. 1:

Ein Elternpaar kam mit seinem zwölfjährigen Sohn zu mir, der laut ihren Angaben ein leidenschaftlicher Autofahrer war. Er nützte jede Gelegenheit, sich die Autoschlüssel seiner Eltern zu nehmen, setzte sich ins Auto und fuhr einfach damit durch die Gegend.

Zwar verursachte der Junge nie einen Unfall, doch mit den Polizeibeamten war er schon per Du. Durch Zufall wurde die Familie auf mich aufmerksam. Nach dem ersten Treffen und dem Gespräch, welches der Junge nur belächelte, spielte ich „brutale Wahrheit" mit ihm.

Der Sohn, der Vater und ich stellten uns vor einen großen Spiegel. Bevor wir die Übung starteten, gab ich seinem Vater klare Anweisungen. Für diese Übung spielte ich mithilfe eines Audio-Players Motorgeräusche ab. Für die Lautstärkeregelung verwendete ich mein Mobiltelefon. Der Junge stand vor dem Spiegel, und ich bat ihn, sich vorzustellen, dass er ein Auto fährt.

Natürlich gefiel ihm diese Vorstellung sehr. Um seine Fantasie besser zu verinnerlichen, bekam er von mir die Anweisung, seine Augen kurz zu schließen, sobald er an den Geräuschen merkt, dass das Auto bremst. In dem Moment, als das Auto „wirklich" bremste und er die Augen schloss, ließ sich sein Vater zu Boden fallen und stellte sich tot.

Als der Bub die Augen wieder öffnete, sah er, dass sein Vater am Boden lag. Ihm war nicht bewusst, was gerade passiert war, bis er begriff, dass er seinen Vater angefahren hatte.

Er schaute mich an und fragte nur:

„Was hast du mit ihm gemacht?" Er setzte sich auf den Boden und war sehr wütend auf seinen Vater, weil er nicht verstand, warum er ein so dummes Spiel mitspielte. Aber er bewegte sich nicht. Sein Papa ließ ihm Zeit, seine Wut und seine Tränen, die er dabei vergoss, abzubauen. Fünfzehn Minuten später saßen wir drei auf dem Boden und reflektierten das Geschehen. Der Sohn meinte schließlich: „Ich habe es verstanden! Ich werde nie wieder fahren!"

Dieser Vorsatz hielt keine drei Wochen, sodass sich sein Vater erneut an mich wandte und die beiden mit seiner kleinen Schwester auftauchten. Dieses Mal ließ ich mir etwas noch Extremeres einfallen. Wir strichen seiner neunjährigen Schwester etwas Himbeermarmelade auf die Stirn und über die Wange. Natürlich fragten wir sie vorher, ob sie mitspielen wolle, und erklärten ihr, dass wir ihrem Bruder helfen wollen.

Er bekam von alledem nichts mit, da er die Anweisung bekam, seine Augen zu schließen. Sein Vater stellte sich hinter ihn und seine Schwester wiederum hinter den Vater. Dazu kamen wieder die Motorgeräusche, und er fühlte sich wieder in seinem Element.

Als das Auto eine akustische Vollbremsung hinlegte, schloss der Junge seine Augen. Nun drehte sich der Vater um und nahm seine Tochter auf die Arme. Sie ließ in diesem Moment alles hängen. Außerdem war wichtig, den „blutigen" Kopf genau im Spiegel zu sehen. Der Junge öffnete die Augen und ich hatte Glück, dass er nicht ohnmächtig wurde, als er dieses Bild vor sich sah.

Er brauchte etwas Zeit, um sich zu erholen. In der Zwischenzeit schrie er: „Ihr seid so blöd! Ihr seid Arschlöcher! Wieso macht ihr das?!" Er setzte sich auf den Boden und weinte total hysterisch. Bis dahin wusste ich ja nicht, dass er seine Schwester über alles liebte.

Es wird niemand glauben oder für möglich halten: Er fuhr von diesem Zeitpunkt an wirklich nicht mehr mit dem Auto. Mittlerweile ist er 21 Jahre jung und einer der anständigsten Autofahrer, die ich kenne. Er rügt mich heute noch oft für die harten Gespräche, die wir geführt haben, aber auf eine respektvolle Art und Weise. Er bedankt sich auch immer wieder, trotz allem, denn er wisse nicht, was sonst aus ihm geworden wäre. Auch seine Eltern schätzt er sehr.

Nr. 2:

Ein Jugendlicher im Alter von 15 Jahren hatte ständig „Sachen gefunden", ehe sie ihre Besitzer und Besitzerinnen verloren hatten. Auf diese Weise eignete er sich Uhren, Handys, Geld, tolle Shirts, Jacken usw. an.

Seine Eltern wendeten sich an mich, da sie in der Schule, in einem Gasthaus oder in einem Geschäft oft Probleme mit ihrem Sohn hatten.

Zuerst kam das berühmte Gespräch:

„Wieso? Weshalb? Warum? Du bekommst doch fast alles von deinen Eltern!"

Auf all diese Fragen kam stets dieselbe Antwort: „Ich weiß es nicht, ich kann mir nicht helfen. Wenn ich etwas liegen sehe, muss ich es einfach haben!" Auch Bekannte durfte er nicht mehr besuchen, denn das Ende der Geschichte war immer: „Er hat dies und das genommen, auch wenn er es stets lebhaft abstritt."

Was war nun zu tun?

Er hatte immer eine Baseballkappe auf. Die Mütze war ihm heilig. Ich verlangte von ihm, sie abzunehmen. Obendrein sollte er sein Handy, seine Geldbörse und seinen heißgeliebten Gürtel in das Basecap legen. Ich schickte ihn zum Nachdenken raus an die frische Luft. Als er zurückkam, waren seinen Sachen weg. Er brüllte mich ziemlich heftig an.

Ich fragte ihn, was das zu bedeuten habe, und blieb ganz ruhig. Nach einer Stunde beendete ich das Gespräch und sagte, er solle mit seinen Eltern nach Hause fahren. Seine Eltern behielten die Ruhe, was mich wirklich wunderte. Sein Vater wurde zwar öfters nervös, hatte sich aber im Griff. Ihm war es peinlich, dass sein Sohn mich andauernd anschrie.

Der Junge wollte unbedingt seine Sachen zurück. „Ohne meine Sachen fahre ich nirgendwohin", sagte er. Ich gab ihm seine Siebensachen nicht und schloss die Haustür hinter mir. Er weigerte sich, in das Auto zu steigen. Immer wieder läutete er an meiner Haustür. Ich öffnete die Tür und erklärte ihm, dass ich diese Sachen gefunden hatte. Er solle nach Hause fahren und darüber nachdenken, wie es ist, wenn jemand Sachen „findet" und sie behält. Nach gut zwei Stunden stieg er ohne sein Eigentum ins Auto. Seine Eltern mussten ihn jeden Tag zu meinem Haus bringen, weil er das, was er „verloren" hatte, wieder zurückhaben wollte.

Ich erklärte ihm jeden Tag aufs Neue, dass ich diese Sachen gefunden hätte und sie nun mir gehörten. Nach einer Woche, die offenbar sehr hart für ihn war, gab ich ihm alles zurück und fragte ihn, wie es ihm die letzten Tage ergangen sei. Er sagte lediglich ganz trotzig: „Das geht dich nichts an."

Wir trafen uns erneut zu einem Gespräch, und er meinte, dass er nun alles verstanden habe. Seine Eltern erzählten mir, dass er zu Hause immer auf und ab gelaufen sei und über mich geschimpft habe: „Diese blöde Frau! Die Gespräche mache ich nicht mehr mit!" Wir vereinbarten nach diesem Gespräch ein weiteres Treffen in drei Wochen. Er weigerte sich, zu mir zu kommen, darum baten mich seine Eltern, zu ihnen zu fahren. Als ich dort ankam, fragte ich ihn, ob ich in sein Zimmer kommen dürfe. Er meinte nur: „Wenn's sein muss …"

Wir begannen ein Gespräch und ich fragte ihn direkt, was ihm das für einen Kick gebe, wenn er jemandem etwas wegnimmt. Er antwortete: Das weiß ich nicht, aber wenn ich etwas sehe, das mir gefällt, muss ich einfach hingreifen."

Nach einer halben Stunde stand ich auf, nahm mir ein paar Sachen aus seinem Zimmer und marschierte zu meinem Auto. Er lief mir nach und fragte: „Was soll das?" Ich erwiderte nur „Ich habe diese Sachen gerade gefunden", warf sie ins Auto und fuhr los, natürlich mit Einverständnis der Eltern. Ihm gefiel das absolut nicht. Alles Weitere lief wie folgt ab: Er fuhr zu meinem Haus und bettelte, dass ich ihm seine Sachen wiedergebe. Ich gab ihm das von ihm Gewünschte aber nicht. Immerhin hatte ich diese Dinge ja gefunden. Diese Gespräche führten wir insgesamt sieben Mal, wobei er einmal sogar mein Handy verschwinden ließ. Als ich das bemerkte, rief ich mich selber von einem anderen Handy an. Er hob ab und ich merkte, dass es ein Genuss für ihn war, dass er sich mein Handy unter den Nagel gerissen hatte. Ich erklärte ihm, er solle es behalten. Es war ja schon alt. Mir machte es nichts aus, ich hatte ja ein zweites Gerät. Er meinte, ich bräuchte es dringend, da auf diesem Mobiltelefon alle Kontakte gespeichert seien. Ich sagte: „Nein, du hast das alte Handy erwischt, denn wenn ich Besucher wie dich habe, räume ich die wertvollen Sachen weg."

Er war stinksauer, weil er mich eigentlich bestrafen wollte. Mittlerweile haben er und ich zwar keinen Kontakt mehr, aber er stiehlt auch nichts mehr. Seine Verwandten sind zufrieden, dass sie ihn wieder ins Haus lassen können. Trotzdem werden sie keine wirkliche Vertrauensbasis mehr aufbauen können.

Nr. 3:

Im nächsten Fall geht es um ein Mädchen, das sich von der Mutter nicht geliebt fühlte. Als die beiden vor mir saßen, sagte die Mutter:

„Meine Tochter ist der Meinung, dass ich sie nicht gernhabe."
Ihre achtjährige Tochter gab zur Antwort:

„Mama schimpft mich ständig!"

Ich ließ das Mädchen erzählen, was es fühlt.

„Mama schreit immer, ist immer grantig, nimmt mich nicht in den Arm und spielt nicht mit mir." Nach diesen Äußerungen ließ ich ihre Mutter zu Wort kommen. Diese meinte nur: „So schlimm ist es auch wieder nicht!" Ich setzte das Mädchen auf den Tisch, ihre Mama stellte sich einen Meter entfernt auf einen Sessel, sodass sie sich nicht berühren konnten. Wir machten einen Rollentausch. Sie sollten sich vorstellen, dass sie einkaufen sind. Das Mädchen spielte Mama, die Mama spielte ihre Tochter.

Mama: „Geh zur Seite!"
Tochter: „I steh eh ned do."

Mama seufzt: „Mir haben eh noch Brot dahoam, müssts halt des alte essen!"

Tochter: „I mecht a Semmel!"
Mama: „Na!!!" (grantig)

Tochter: „I mecht gern a Wurstsemmel!"
Mama: „Geh hi und bestell da oane!"
Tochter: „I trau mi ned!"

Mama: „Donn kriagst a koane!"
Tochter: „Kriag i dann an Schokolad?"

Mama: „Na."

Tochter: „Warum kaufst da du Chips, und i griag koan Schokolad?"

Mama: „Gib a Ruah."

Tochter beim Zahlen: „Warum hab i nix kriagt?"
Mama: „Wennst z' bled bist, dass da du de Semmel selber bestellst."

Tochter weint.

Mama: „Gib a Ruah, jetzt foahrn ma hoam."

Die Mutter hat es noch ein wenig heruntergespielt. Dann machte ich mit ihr das gleiche Spiel. Ich spielte die Tochter und sie blieb in ihrer Rolle als Mutter. Nun bemerkte sie schon mehr, dass sie etwas nicht richtig machte, aber sie begriff noch nicht, was. Ich schickte das Mädchen in den Garten zum Spielen und begann mit der Mutter ein Gespräch über ihre Kindheit.

Anni: „Wurdest du als Kind viel in die Arme genommen?"
Mutter: Nein.
Anni: „Hättest du dir das gewünscht?" (Da kamen der Mutter schon die Tränen.)
Anni: „Hätten deine Eltern mehr Zeit für dich haben sollen?"
Mutter: „Ja, aber das war einfach nicht der Brauch."
Anni: „Hast du oft geweint, weil du dachtest, sie würden dich nicht liebhaben?"
Mutter: „Das weiß ich nicht, denn ich wusste ja nicht, wie es ist, jemanden gernzuhaben."
Anni: „Wie geht es dir, wenn du an dein Kind denkst? Was fühlst du?"
Mutter: „Sie ist sehr wichtig für mich."
Anni: „Wichtig?"
Mutter: „Ja, i hab's eh gern."

Dann holte ich das Mädchen zu uns. Ich setzte sie wieder auf den Tisch und die Mutter auf den Sessel, aber ganz nah an die Tochter herangerückt. Und ich sagte zur Mutter:

„Jetzt unterhältst du dich mit ihr!" Sie schaute ihre Tochter an, dachte eine kurze Zeit nach und fragte sie, wie es ihr in der Schule gehe.

Für mich war klar, was da passierte, und ich schaute noch eine kurze Zeit zu. Anschließend sagte ich zu ihr, sie solle über das nachdenken, was ich gerade mit ihr besprochen hatte.

Die Mutter schaute ihre Tochter zwar an, aber sie war nicht fähig, „Ich hab dich lieb" oder „Ich hab dich gern" zu sagen. Dann bat ich das Mädchen, etwas zu sagen.

Und man wird es nicht glauben, wie intelligent ein Kind ist. Sie schaute ihrer Mutter in die Augen und sagte zu ihr: „Ich habe dich so lieb!" Dann nahm das Mädchen sie in die Arme, dabei schmolz auch der Mutter das Herz.

Nun konnte auch sie ihrem Mädchen sagen, dass sie es liebhat. Beide weinten vor Glück. Wir brauchten noch ein paar Gespräche, um das Gefühl wirklich aufzubauen. Auch der Papa kam mit der Zeit hinzu. Er hatte ebenfalls sehr unter dem distanzierten Verhältnis zu seiner Frau gelitten. Sie hatte einfach nur Angst vor dem Versagen, wenn sie „weich" werden würde. Sie hatte Angst, ihre Stabilität zu verlieren. Ihre Eigenliebe war begraben und nicht vorhanden. Somit konnte sie auch keine Liebe weitertragen.

Nr. 4:

Eine Mutter (verheiratet, drei Söhne) kam zu mir, weil sie sich scheiden lassen wollte. Ihre Gründe dafür waren die ständige Überarbeitung, ihre schlimmen Kinder und der unaufmerksame Mann. Jeder wollte von ihr, dass sie alles erledigt. Niemand räumte den Papierkorb aus. Niemand half ihr beim Geschirr.

Ihre Jungs ließen alles liegen und stehen. Alle waren aggressiv. Nur sie nicht. Sie weinte immer, weil niemand sie hörte. Ihr tat alles weh. Sie war einfach am Ende.

Für mich kristallisierte sich im Gespräch heraus, dass sie mit niemandem mehr sprach, und das schon seit Wochen. Auf der anderen Seite sagte sie, die Kinder gehen nur noch zur Oma essen, machen auch dort die Hausübungen und kommen nur noch zum Schlafen heim. Ihr Mann gehe auch lieber zu seinen Freunden oder zu seinen Eltern, anstatt sich mit ihr zu unterhalten. Ich legte ihr das Blatt „Gut – Nicht gut" vor. Bei „Gut" stand nur eines: Scheidung. Unter „Nicht gut" stand eine ganze Litanei.

Ich habe das mit ihr besprochen, und wir haben erkannt, dass sie die Probleme hat und nicht unbedingt ihre Familie. Sie hat die positiven Gefühle unterdrückt und nicht mehr gesehen, geschweige denn gespürt. Als ich ihr das sagte, war sie furchtbar wütend auf mich.

Zwei Wochen später besuchte mich die Frau mit ihrem Mann. Der Mann hielt einen Blumenstrauß in der Hand. Im Gespräch bedankte sich der Ehemann bei mir, und sie erzählten, was zu Hause passierte, nachdem sie bei mir gewesen war.

Sie saß drei Tage weinend zu Hause, bis ihr Mann den Mut hatte, sie zu fragen, was mit ihr los sei. Wenn er sie vor dieser Zeit unserer Gespräche gefragt hätte, wäre sie wahrscheinlich explodiert.

Sie erzählte ihm von dem Gespräch mit mir, dann sprachen sie stundenlang über all das, was in der Familie falsch lief. Sie fassten den Entschluss, gemeinsam mit mir Gespräche zu führen. Nach einigen Treffen wurden auch die Kinder einbezogen. Mit viel Einfühlungsvermögen, gegenseitigem Verstehen und Zuneigung konnten sie endlich wieder das Wort Liebe verwenden. Das Wichtigste war, dass die Frau sich wieder mit Freundinnen trifft und auch alleine wieder etwas mit ihrem Mann unternimmt. Das Sprechen hat in der Familie Bedeutung erlangt, und sie hat das Hausmütterchendasein abgelegt. Sie ist wieder Ehefrau und Mutter. Was ich in sehr vielen Gesprächen festgestellt habe: Der größte Fehler in Freundschaften, Partnerschaften und Beziehungen ist die mangelnde Kommunikation. (Leider!)

Nr. 5:

Eine Frau begab sich vor drei Jahren in eine neue Beziehung, die, wie sie heute sagt, von Anfang an schwierig war. Der Mann bestimmte, was unternommen wurde, wer zu Besuch kommen durfte, wie weit ihre Söhne an sie herandurften oder wie oft sie ihre Mutter anrufen und um Hilfe bitten durfte.

Die Frau störte es nicht, denn sie war blind vor Liebe und er wusste dies zu nutzen, um sie von sich abhängig zu machen. Jeder versuchte ihr zu helfen, doch alles prallte an ihr ab. Sie verlor viele ihrer Freunde und beinahe auch ihre Familie. Wenn sie nicht durch Zufall im letzten Jahr dahintergekommen wäre, dass er sie betrog. Somit wurde für sie eine sofortige Trennung möglich.

Die Frau litt unter dieser Trennung so sehr, dass sie alle Fehler in der getrennten Beziehung bei sich zu suchen begann und sie in sich verankerte. Jede Frage, die ich an sie richtete, hielt eine Entschuldigung für ihn bereit. Sie klagte nur über sich selbst. Sie war der Meinung, dass die neue Frau nur deshalb einen Platz in der Beziehung gefunden hatte, weil sie selbst im Bett vieles falsch machte, was er ihr während des Beischlafs lautstark mitgeteilt hatte. Ihr Anliegen an mich: „Wie komme ich von ihm los? Wie lerne ich mein Leben wieder selbstständig zu leben?"

Das Ziel dieses Gesprächs war, ein Stück ihrer Selbstfindung und ihres Selbstwertes wiederzuerlangen und seine Fehler zu erkennen. Auch zulassen zu können, dass er nicht mehr zu ihr zurückkommt (was er ihr auch ausdrücklich gesagt hat).

Es war wichtig, dass sie sich selbst wieder akzeptiert und vor allem sich selbst wieder vertraut. Ich habe ihr richtig zugehört und habe sie auf die verschiedenen Aussagen ihrerseits aufmerksam gemacht. Weiters bot ich ihr Rollenspiele an, um das „Hinsehen" zu erleichtern.

Nr. 6:

Ein Familienvater hatte ein Alkoholproblem, wollte sich jedoch noch nicht damit auseinandersetzen. Er erschien bei mir, da ihn seine Familie darauf aufmerksam gemacht hatte. Trotzdem hatte er das wirkliche Ausmaß seiner Krankheit noch nicht erfasst und befand sich auch nicht in Behandlung.

In unserem Gespräch wurde ersichtlich, dass der Mann gerne die Tiefe seiner Krankheit erkennen würde. Als ich ein Gespräch mit ihm aufzubauen versuchte, stellte sich dies als sehr schwierig heraus, da er sofort Belangloses erzählte.

Als ich es endlich schaffte, seine Aufmerksamkeit zu erlangen, wurde mir schnell bewusst, was er verdrängte. Der Mann wurde als Kind von seinem Vater missachtet und von seinem Bruder ausgenutzt. Mein Gesprächspartner absolvierte sämtliche Ausbildungen im Holzbereich und gründete eigenständig eine Firma. Zu Hause bei seinen Eltern war er nicht erwünscht. Seine Mutter war ebenfalls Alkoholikerin, er hätte gerne ihr Problem gelöst, da er es bei der Mutter erkannte und sein eigenes Problem dadurch gut verstecken konnte. Auch mit seiner Ehefrau und mit seinen Kindern gab es mehrmals Streit wegen des Alkoholkonsums. Sie glaubten ihm nicht, dass er bereits Hilfe bei mir in Anspruch genommen hatte. Ziel dieses Gespräches war es, den Mann dabei zu unterstützen, den Alkoholkonsum einzudämmen und die Beziehung zu seiner Ehefrau und zu seinen Kindern zu stärken. Es war wichtig, dass sich der Mann eingestand, dass er eventuell professionelle

Hilfe in Anspruch nehmen musste. Außerdem wurde hier viel Zeit für die Anerkennung benötigt, da es nicht leicht ist, zuzugeben, krank zu sein.

Nr. 7:

Ein Mann, bei dem „Burnout" diagnostiziert worden war, wollte mit mir reden. Ich ging mit ihm spazieren und bemerkte, dass es ihm guttat. Er entspannte sich und seine Worte wurden langsamer und ruhiger. Er konnte auch seinen Tränen freien Lauf lassen. Manchmal schwieg er, aber das war in Ordnung so.

Nach dem Spaziergang ließ ich ihn langsame Musik zur weiteren Entspannung hören. Daraufhin teilte er mir mit, dass man ihm einen Krankenhausaufenthalt vorgeschlagen hatte und er sich nicht sicher sei, was er tun solle.

Ich gab ihm rote und blaue Zettel. Die roten für positive Gründe, die blauen für negative Gründe. Ich forderte ihn auf, sich das Geschriebene noch einmal durch den Kopf gehen zu lassen. Mir war wichtig, dass er sich Gedanken über die Vorteile und mögliche Nachteile macht.

Wir unterhielten uns daraufhin noch eine halbe Stunde. Schließlich konnte er offen sagen, dass er Angst habe, von seinen Freunden gemieden zu werden. Ich zeigte ihm Verständnis, jedoch teilte ich ihm mit, dass er auch einmal gut auf sich selbst achten darf und soll. Als er nach Hause ging, war er sehr nachdenklich. Trotzdem rief er mich zwei Tage später an und sagte mir, dass er sich für einen Krankenhausaufenthalt entschieden habe. Ich freute mich sehr und bot ihm an, er dürfe sich gerne wieder bei mir melden, wenn er etwas brauchen sollte.

Nr. 8:

Es geht um eine Frau, die im Laufe der Zeit ihren Mut und den Sinn des Lebens verloren hatte. Sie ist verheiratet und hat drei Söhne. Gemeinsam lebt die Familie mit ihrer Schwiegermutter auf einem Bauernhof.

In unserem Gespräch erzählte sie mir, dass sie das Lachen verlernt habe und sie es nicht mehr schaffte, einen ordentlichen Haushalt zu führen. Sie stritt laufend mit ihrer Familie, ihre Schwiegermutter wollte sie am liebsten in ein Altersheim verfrachten.

Sie hätte gerne verstanden, was sie so unglücklich macht. Außerdem war es ihr wichtig, sich mit ihrer Schwiegermutter zu verstehen.

Ich fragte sie, was für sie Mut und Sinnlosigkeit bedeuten. Sie äußerte, dass sie Angst hätte zuzugeben, dass sie im Leben etwas versäumt habe, und sich jahrelang von anderen Personen unterdrücken habe lassen. Sie wollte erkennen, wie viel Eigenständigkeit sie noch in sich trug, und wollte den Mut haben, allen zu sagen, was sie dachte. Jedoch stoppte ihr „Anstand" sie dabei. Ihr Mann war ihr ein Dorn im Auge, da dieser immer gut gelaunt und zuversichtlich war. Sie wäre gern so gewesen wie er.

Hierbei war es wesentlich, dass die Frau wieder lernte, sich selbst wertzuschätzen. Unterstützend war in diesem Fall eine Lebensbilanz, um zu sehen, wie viel die Frau in ihrem Leben bereits erreicht und geschafft hatte.

Nr. 9:

Nun geht es um eine Frau, die als kleines Mädchen von ihrem Vater zu sexuellen Handlungen gezwungen worden war. Leider konnte sie sich nicht mehr daran erinnern, in welchem Ausmaß diese Handlungen stattfanden. Aber wenn sie damals Geld haben wollte, musste sie ihren Vater überall am Oberkörper küssen. Auch im Gesicht und auf der Brust bis weiter unter die Gürtellinie.

Wenn sie unter der Dusche war, stand er immer wieder bei ihr im Bad und nachts stellte er sich ständig nackt an ihr Bett. Mehr wusste sie nicht mehr. Sie erzählte mir, dass ihr Vater ihre Mutter oft schlug. So heftig, dass sie mehrmals ins Krankenhaus musste. Im Beruf war er ein sehr angesehener Mann, jedoch hielt er nicht viel von Frauen.

Die Frau, mit der ich das Gespräch führte, war nicht mehr in der Lage zu arbeiten, da sie, seitdem ihr das alles wieder bewusst wurde, psychisch krank war. Sie nahm an, eine halbwegs gute Ehe zu führen, aber sie wurde eines Besseren belehrt, als ihre Erinnerungen zurückkamen.

Wenn sie nicht mehr weiterwusste, beschimpfte sie ihren Ehemann. Sie projizierte die angestaute Wut auf ihn und er wehrte sich auch nicht. Offenbar war ihr Ehemann von seiner Kindheit her gewohnt, nicht zu widersprechen. Erst als sie begann, ihre Vergangenheit aufzuarbeiten, ging auch ihr Ehemann in Therapie. Er begann selbstständig und stark zu werden und diente somit nicht mehr als Schutzwand für seine Ehefrau. Deshalb brach sie völlig zusammen. Die Frau war schon seit zwei Jahren in Therapie, als sie zu mir kam. Sie hatte das Gefühl, dort nicht ernst genommen zu werden, da man dort immer am selben Thema festhielt. Auch zu Hause fühlte sie sich nicht mehr wohl. Mit ihrem Ehemann sprach sie nur selten, und sie war wütend auf ihn. Manchmal flüchtete sie außer Haus und manchmal sperrte sie sich in ihr Zimmer ein. Oft stellte sie sich folgende Fragen: „Warum lasse ich alles an meinem Ehemann aus?", „Warum kann ich nicht mehr arbeiten gehen?", „Warum verstecke ich mich in meinem Zimmer?" Während unserer Gespräche führte ich mit ihr Rollenspiele durch, oder ich ließ sie ein Bild malen. Unsere Gespräche führten wir oft auch während ausgedehnter Spaziergänge. Und zum Abschluss schrien wir jedes Mal, um ihre Wut rauszulassen.

Nr. 10:

Nun geht es um eine Frau, die mir ein Familiengeheimnis erzählte. Es ging um ihre Mutter, die durch einen Seitensprung schwanger geworden war. Dies wurde ihr und ihren Schwestern von ihrer im Sterben liegenden Großmutter anvertraut. Davon wusste aber ihre Mutter nichts. Und genauso wenig der Vater.

Die Frau erzählte, dass sie zwei Schwestern habe, ihre Mutter aber zu ihrer Halbschwester immer sehr gemein war. Sie bezeichnete ihre Halbschwester als „böse". Jedoch verstand sie nun auch den Grund.

Die Frau schämte sich für ihr hinterhältiges Verhalten gegenüber ihrer Halbschwester. Ein Anliegen ihrerseits war es, die Mutter mit der Wahrheit zu konfrontieren, da sie nicht verstehen konnte, wie man überhaupt mit so einer Lüge leben konnte. Sie wünschte sich, dass sie ihre Mutter und ihre beiden Schwestern zum nächsten Gespräch mitnehmen könnte. Ich sagte, dass das für mich kein Problem sei. Ein paar Tage später traf ich mich, wie vereinbart, mit den Frauen. Ich schickte die drei Geschwister aus dem Raum und sprach alleine mit ihrer Mutter.

Ich fragte sie: „Können Sie sich vorstellen, warum sie bei mir sind?" Sie antwortete: „Es geht wahrscheinlich um den Tod der Großmutter, da sie zu ihr ein sehr gutes Verhältnis hatte. Ein anderes Anliegen kann ich mir nicht vorstellen."

Ich ließ sie einige schöne Dinge aus ihrem Leben erzählen. Sie sprach von ihren „beiden" Töchtern und von ihrem lieben Ehemann. Als ich sie auf ihre dritte Tochter ansprach, änderte sich ihr Ausdruck und sie begann schlecht über ihr Kind, das aus einem Seitensprung entstanden war, zu reden.

Ich sah sie an und sie wusste in diesem Moment genau, dass ihre Töchter es wussten. Mehr als ein „O nein, bitte nicht!" kam ihr nicht über die Lippen. Nun musste sie sich der Verantwortung stellen. Ratlosigkeit, Unsicherheit und Wut stiegen in ihr hoch. Am liebsten wäre sie vor ihren Kindern davongelaufen. Aber ich holte die Geschwister nach einigen Minuten in den Raum. Die Mutter versuchte sich damit zu rechtfertigen, dass es nur ein Mal passiert war, sie jedoch sofort schwanger wurde. Sie wollte dieses Kind gar nicht. Schon im Mutterleib konnte sie es nicht ertragen. Die Töchter waren alle fassungslos, wie eiskalt und herzlos ihre Mutter war.

Die ehelichen Töchter der Frau waren total überfordert, weil sie ihre Mutter nicht verstehen konnten. Die Geschwister wollten sich ohne ihre Mutter noch einmal mit mir treffen. Ich sagte sofort zu.

Eine Woche später führte ich ein Gespräch mit den Geschwistern. Sie konnten ihre Mutter nicht davon überzeugen, ihrem Vater die Wahrheit zu sagen. Nun wollten sie etwas Abstand gewinnen und an ihrer geschwisterlichen Beziehung arbeiten.

Es war wichtig, dass sie sich gegenseitig keine Schuld gaben. Außerdem mussten sie lernen, respektvoll und achtsam miteinander umzugehen. Durch unsere Gespräche konnten sie sich selbst akzeptieren und nach längerer Stärkung der Beziehung konnten sie sich auch wieder in den Arm nehmen. Wie das heutige Verhältnis zur Mutter ist, weiß ich leider nicht. Ich muss jedoch sagen, dass diese Situation die drei Geschwister viel enger zusammengeschweißt hat.

Praktische Übungen für Missbrauchsopfer:

Bei sexuell missbrauchten Menschen arbeite ich oft mit einem Spiegel und gehe in ein intensives Gespräch mit ihnen. Nicht um das Spiegelbild zu sehen, sondern um den Körper, den Geist, die Seele und sich selbst wieder „sehen" zu wollen.

Bei Gesprächen spielt für mich das Wort **„DÜRFEN"** eine sehr wichtige Rolle. Zuerst spreche ich mit den Betroffenen und dann bitte ich sie, vor einen Spiegel zu treten. (Dieser Spiegel muss frei im Raum stehen, da ich die Rückseite des Spiegels brauche.) Des Weiteren bitte ich diejenige oder denjenigen, sich im Spiegel zu betrachten, vor allem aber, sich ganz tief in die Augen zu schauen. Das ist natürlich für manche Menschen nicht einfach. Ich stelle mich dann an ihre oder seine Seite und spreche ganz leise und gezielt zur/zum Betroffenen.

- Schaue dir tief in die Augen.
- Lasse zu, dass du dich siehst.
- Verstecke dich nicht.
- Lasse im Hintergrund alles verschwinden.
- Du siehst nur dich. Alles andere verschwindet.
- Lasse deine Gedanken los.
- Nur die Augen sind wichtig.
- Lasse zu, dass du dich siehst.

Nun spreche ich nicht mehr. Ich lasse der/dem Betroffenen Zeit, sich zu finden, sofern es ihr/ihm möglich ist. Die Auswirkungen sind sehr unterschiedlich.

Mögliche Reaktionen sind Weinen, Verweigerung, aber auch Angst. Wenn es den betroffenen Personen zu viel wird, lasse ich sie vom Spiegel zurücktreten und beginne wieder ein kurzes Gespräch. Bei vielen heißt es dann: „Ich kann mich nicht sehen. Ich will mich nicht sehen!"

Daraufhin stelle ich die Betroffene oder den Betroffenen hinter den Spiegel, wo sie/er sich verstecken kann. Ich lasse die Person selbst entscheiden, wie oft sie vor den Spiegel und wie oft sie hinter den Spiegel tritt bzw. welche Seite des Spiegels besser ist. Die/Der Betroffene entscheidet somit, wie gern sie/er gesehen oder nicht gesehen werden möchte.

Die Stabilität der Gespräche kommt ganz auf die Seite des Spiegels an. Die Betroffenen dürfen sagen, ob wir uns auf den Boden oder zum Tisch oder auf weiche Polster setzen. Es ist nämlich sehr wichtig, dass Betroffene sich wohlfühlen und ein geschütztes Klima spüren.

Nach sexuellem Missbrauch ist ein ganz gezieltes Sicherheitsnetz wichtig. In diesem Rahmen heißt es dann: „Ich darf mir aussuchen …!" „Ich darf entscheiden!" „Ich darf schweigen oder reden!" und **NICHT** „Ich MUSS erzählen!" Wenn eine halbe Stunde geschwiegen wird, ist das auch in Ordnung. Auf einmal kommen ganz kurze Sätze, die ich mir sofort notiere. Und so arbeite ich mit den Hilfesuchenden, sooft sie wollen. Der Spiegel steht immer im Raum. Die/Der Betroffene soll selbst entscheiden, wann sie/er sich sehen möchte. Wenn ich merke, dass Personen eher unruhig sind, dann schreien wir dreimal hintereinander miteinander.

Dies ist für Betroffene eine neue Erfahrung und klappt am Anfang oftmals noch nicht richtig.

Dieses „sich laut Ausdrücken" ist etwas ganz Besonderes. Wir schreien deshalb dreimal, da das erste Schreien meist sehr zaghaft ist. Nochmal tief Luft holen, den Körper loslassen, und das zweite Geschrei klingt dann schon mehr nach „sich zeigen dürfen" oder „sich hören können".

Ein letztes Mal tief Luft holen, und das dritte Schreien fühlt sich wie ein „richtiges Rauslassen" an. Anfangs spürt man einen „Kieselstein" vom Körper abfallen. Ja, denn mehr als ein Kieselstein geht zu Beginn nicht. Der große Stein bröckelt erst nach mehreren Schreiversuchen ab.

Wenn ich merke, dass die Gespräche nach mehreren Stunden Wirkung zeigen, dann lasse ich die Betroffenen ein Bild malen. Obwohl es bei manchen heißt, sie könnten nicht malen, bitte ich sie trotzdem zum Tisch und halte mich selbst ganz abseits. Ich sage mit einem Lächeln, dass es darauf ankommt, was dabei herauskommt. Die Fertigstellung der Bilder dauert durchschnittlich zwischen zwanzig und fünfundvierzig Minuten. Man spürt richtig, wie sich die Personen in das Bild hineinfühlen, obwohl es vorher geheißen hatte, sie könnten nicht malen.

Ich persönlich sehe gerne, welche Wirkung das Malen auslöst. Ich bitte die Personen, ihre Bilder zu Hause aufzuhängen, sodass sie ihre Werke immer sehen können. Das erweckt so viel Geborgenheit in ihnen, denn die Farben und Linien sind nicht ohne Grund entstanden. Das sind sie als Person, und genau das stellt sie dar. Die Leidenschaft, mit der sie im Nachhinein alles erklären, ist bewundernswert.

Für mich ist auch wichtig, dass sie die Rolle der Macht ausüben dürfen, indem ich mich in einer Ecke auf den Boden setze und die/der Betroffene ca. 3 Meter von mir entfernt steht und mir dann vieles sagen darf und kann. Das tut den Betroffenen ausgesprochen gut, da sie frei handeln können, ohne etwas Böses zurückzubekommen. Es bewirkt eine gewisse Freiheit.

Als wirkungsvoll empfinde ich auch Plakate aus Packpapier, auf denen groß steht:
„ICH DARF"!
Ich darf lachen.

Ich darf singen.

Ich darf reden.
Ich darf meine Meinung sagen!
Ich darf mich wehren!

Ich darf …
Ich darf …

Jeder/Jedem ist es selbst überlassen, was sie/er noch hinzufügen möchte und was für sie/ihn noch wesentlich ist. Ich sage immer:

„Hänge das Plakat dort auf, wo du es immer sehen kannst und wo du viel Zeit verbringst!" Die meisten Plakate werden an den Klotüren angebracht. Und die Betroffenen werden dann gefragt: „Was ist das?" So können sie Freunden oder Bekannten oft mit Stolz weitergeben, was wir bearbeitet und verarbeitet haben.

Trau dich

Nun möchte ich ein persönliches Wort an alle sexuell missbrauchten Menschen richten:

Bitte öffnet euch und beginnt zu sprechen!

Nehmt den Tätern die Möglichkeit, das zu tun, was sie getan haben. Dies kann uns gelingen, wenn wir (die man so schön Opfer nennt) aufstehen und die Opferrolle überwinden. So werden wir zu starken Menschen. Und unsere Stärke lässt die Täter auffliegen. Lasst euch nicht in eine Ecke drängen! Ein großes Wort mit viel Gewicht: „Ich DARF etwas unternehmen. Ich DARF mich zeigen! Ich DARF mich respektieren und mich lieben." Wir sind in der Lage, der Gesellschaft zu zeigen, dass wir stark sind und dass wir uns nichts mehr gefallen lassen. Das schaffen wir aber nur gemeinsam, wenn wir miteinander kämpfen. Gebt die Opferrolle ab, damit werdet ihr stärker und die Täter immer schwächer. Und nur so können wir den Kampf gewinnen.

Ich möchte so vieles verändern. Ein wesentlicher Punkt ist, eine Petition einzubringen, vor allem gegen eine Verjährung der Straftat des sexuellen Missbrauchs. Machen wir den Tätern klar, dass wir nicht klein sind! Für uns, für die das Schreckliche schon Jahre zurückliegt, wird es nicht mehr gelten, jedoch können wir jene unterstützen, die gestern, heute und morgen missbraucht worden sind oder missbraucht werden. **TRAUEN WIR UNS!**

Ich bin für euch da! Meldet euch.

Ihr alleine könnt euer Leben verändern. Verändern, indem ihr meinem Aufruf nachkommt. Sicher sind viele von euch verheiratet und die Partner wissen nichts von dem Verbrechen, das an euch verübt wurde. Mein Mann hat es erfahren, als ich vierzig Jahre alt war. Er hat viel Zeit gebraucht, um es zu verkraften, doch er ist bei mir geblieben und hat mich die gesamte Zeit begleitet. Ich erinnere mich, dass wir die ersten drei Jahre keinen Geschlechtsverkehr hatten, da ich es durch meine damalige psychische Krankheit nicht ertragen hätte, wenn mich mein Mann berührt. Er begleitete mich in dieser Zeit oft zu Gesprächen, damit er auch seine eigenen Qualen verarbeiten konnte. Am Tag der Offenbarung habe ich alle meine Kinder und meinen Mann gebeten, am Abend nach Hause zu kommen. Niemand wusste, warum ich sie so dringend sprechen wollte. Im Vorhinein beging ich den ersten Selbstmordversuch, den meine Familie aber nicht mitbekam. Ich verlor ziemlich viel Gewicht, da zu diesem Zeitpunkt die Erlebnisse der Vergangenheit zu brodeln begannen. An diesem Abend eröffnete ich ihnen, dass ich mir beinahe das Leben genommen hätte, wenn mich nicht jemand aufgehalten hätte.

Ich erzählte ihnen vom sexuellen Missbrauch und was sich in meiner Kindheit abgespielt hatte. Ich blickte in schockierte Gesichter, und es wurden viele Tränen vergossen. Wir sind als

Familie noch näher zusammengerückt, als wir es sowieso schon waren. Ich habe in all der Zeit meiner Krankheit nie ein böses Wort oder einen Vorwurf von ihnen gehört. Auch nicht dass ich mich endlich zusammenreißen soll. Eher das Gegenteil. Sie waren immer und jederzeit für mich da. Meine Familie ist ein Jackpot, und ich bin eine Gewinnerin.

Wenn ihr euch euren Partnern oder Familien anvertrauen wollt und euch alleine nicht traut, dann besprecht es mit einer Vertrauensperson oder vereinbart einen Termin mit professionellen Personen. Diese können euch vom ersten Augenblick an helfen, damit der Partner nicht sofort in ein tiefes Loch fällt und für euch von Anfang an Unterstützung gewährleistet ist.

Gedanken

Wie ich gelernt habe, die Welt neu zu sehen

Die Texte, die ich verfasste, haben mir in meiner Vergangenheit sehr viel Kraft und Halt gegeben und mich stets auf andere Gedanken gebracht. Deshalb möchte ich sie mit den Leserinnen und Lesern teilen.

In der schlimmsten Zeit, nach den Aufenthalten in psychiatrischen Kliniken, habe ich nur deshalb überlebt, weil ich rings um mich herum all das gesehen habe, was geschieht. Ich habe das Schöne gesehen, das Traurige, das Interessante und das ganz normale Leben, auch die Religion. Auf diese Art und Weise sind die folgenden Texte sowie meine Bilder entstanden.

Und ich habe das aufgeschrieben, was ich gesehen habe, und gemalt, was ich gefühlt habe.

Ich laufe, laufe und laufe.
Habe Angst, ich ersaufe.
Wasser schwappt über mich her,
Luft zu holen fällt mir schwer.
Mein Gesicht wird ganz weiß,
der Körper ganz heiß.
Schweiß rinnt die Stirn entlang,
ums Herz wird mir ganz bang.
Versuche zu entkommen.
Auf einmal, was ist das?
Ich bin ganz benommen!
Ich öffne die Augen,
sehe, ich bin in einem Raum.
Jetzt weiß ich, es war ein schlechter Traum.

Wenn ich aus dem Fenster schaue
und die Welt betrachte, sehe ich, wie die Katze
den Vogel betrachtet.

Die Katz schaut hin,
der Vogel schaut her,
eine Weile tut sich nichts mehr.
Auf einmal sieh, die Katze springt!
Der Vogel flugs, fliegt hoch zum Ast,
voller Stolz er weitersingt.

Die Katze murrt, dreht sich um,
das ist ihr sicher zu dumm.

Der Vogel sitzt auf einem Baum,
man glaubt es kaum,
er fliegt hinweg über all den Kummer,
wo der Mensch ist nur eine Nummer.
Man tut sich weh,
man hasst sich sehr,
es gibt den schönen Abschied
nicht mehr.
Man brüllt sich an,
man glaubt es kaum,
wie gern wäre man der Vogel
auf dem Baum.
Meinem Baum!
Hier ist ein kleines Stück Erde frei.
Ich sehe lange hin und mache mir meine Gedanken.
Auf einmal weiß ich:
Ein Bäumchen muss herbei!
Eine Eiche, einen Meter klein,
setze ich in die Erde,
ganz zart und fein.
Die Sonne lacht ihn herzlich an.
Der Regen tut auch, was er kann.
Die Nacht gibt ihm noch Kraft,
sodass er es nach Jahren zu einem kräftigen Baum schafft.
Schatten spendet er viel,
sodass man nicht mehr weggehen will.
Wir haben uns beide viel gegeben.
Du gabst mir ruhige Stunden und ich gab dir dein Leben.

Wunderbares Land,
grüne Wälder,
weite Felder,
lichte Auen.
Rehe, die den Sonnenstrahlen vertrauen.
Ein Bach am Wiesenrand rinnt.
Eine Spinne am Wipfel Netze spinnt.
Habichte auf Ästen sitzen.
Mäuse verstecken vor Angst sich in Ritzen.
Morgentau,
der Tropfen rinnen lässt in des Vogels Nest.
Libellen über das Wasser schwirren.
Frösche liegen auf der Lauer,
ist mancher Libelle Leben nicht von Dauer.
Das Abendrot am Himmel Farben vermischt, sich weigernd
der Tag erlischt.

Des Morgenrots Schein,
voll wunderschöner Harmonie,
ziert der Berge Gipfel, überwindet sie.
Der Fluss diesen Blick ziert.
Ein Wasserfall dessen Antlitz verwirrt.
Rot das Fenster spiegeln lässt

Wundersam, leise begehrend,
glänzend strahlendes Sehen.
Melodisch, der Geist tanzend.
Freude umjubelnd, so rein.
Wirbelnd der Körper,
im Kranze kreisend.
Liebe muss dieses Spiel
der Verwirrung sein.
Kein ruhiges Sitzen,
kein ruhiger Gedanke.
Alles im Schönen,
kein feuriges Gezanke.

Vergebende Dunkelheit,
nächtlicher Schrein.
Zitternde Menschenhand.
Ewige Pein.
Ruheloses Wandern,
schreiender Traum.
Verschwitztes Gedankentreiben,
allein im Nächtlichen sein.
Des Morgengrauens wartende Ungeduld.
In sich kehrende,
nicht verstehende Schuld.

Lachen macht die Seele frei,
Lachen bringt Freunde.
Lachen kommt von Herzen,
Lachen vertreibt die Schmerzen.
Lachen bringt Bauchweh,
richtiges Lachen spürst du bis zum großen Zeh.

Ich mache weiter

Ich mache weiter.

Ich werde nichts verändern. Ich werde mehr und mehr kämpfen, anstatt loszulassen.

Ich werde mich immer wieder aufraffen und mich auf die Beine stellen.

Ich werde den Menschen, die mir Steine in den Weg legen, auch Steine in den Weg legen.

Ich werde immer wieder aufstehen und immer wieder schreien.

Ich werde nicht mehr so leise und still sein.

Ich werde immer wieder sagen: Es reicht! Es muss so viel verändert werden. Es muss so viel getan werden. Ich weiß, die Gesellschaft kann es nicht mehr hören. Darum aber mache ich das alles.

Ich möchte einmal vor Politikern sprechen dürfen. Es wäre mein größtes Geschenk, ihnen die Augen zu öffnen und sie dazu zu bringen, wirklich zuzuhören. Damit sie hören, was Opfer zu sagen haben. Aber das ist ja leider nicht möglich. Dafür bräuchte ich einen sehr langen Arm, den ich aber leider nicht habe.

Die Wut, die Machtlosigkeit, verfolgt mich immer wieder. Aber was soll ich machen? Sie wird ein Teil meiner Enttäuschung und der mir fehlenden Hilfe von Außenstehenden bleiben.

Man darf die Wut erkennen, auch meine Enttäuschung, meine Tränen, und auch meine Hilflosigkeit.

Die Menschen dürfen wissen, dass ich nicht allmächtig bin und auch nicht sein möchte. Nur möchte ich gerne, dass man hört und dass man sieht. Dass man den Menschen hilft, die durch Missbrauch derartig krank sind und diese schreckliche Hilflosigkeit erfahren.

Ich möchte, dass die Opfer lernen aufzustehen. Dass sie lernen, mit ihrer Not umzugehen, dass sie sich frei machen dürfen und sich nicht genieren müssen. Und dass sie auch wissen, dass nicht sie die Schuld tragen, nicht sie die Täter sind. Sie sind die Opfer.

Das alles will ich ihnen erklären. Das will ich auch nichtbetroffenen Menschen darlegen. Das ist mein Ziel, darum stehe ich auf, deshalb arbeite ich. Auch ich muss mir manchmal dumme Sachen anhören. Aber ich höre hin und frage dann, ob sie überhaupt begreifen, worum es geht. Ob sie überhaupt verstehen, was hier los ist, oder ob sie einfach dumm sind. Naives Verhalten nimmt in unserer Welt noch einen sehr großen Platz ein.

Wut ist eigentlich nicht der Ausdruck, den ich beschreiben möchte. Es sind die Verletztheit und das Nicht-verstehen-Wollen dieser Verurteilungen von Menschen.

Anna Hasibether
ANNI Die Geschichte einer verletzten Kinderseele
Verlag INNSALZ | ISBN 978-3-903154-86-5
Softcover | 154 Seiten | € 19,90